Direito Digital e a Modernização do Judiciário

Andréia Rocha Feitosa

Coordenadora

Direito Digital e a Modernização do Judiciário

LTr®

LTr
EDITORA LTDA.

Rua Jaguaribe, 571
CEP 01224-001
São Paulo, SP — Brasil
Fone (11) 2167-1101
www.ltr.com.br
Maio, 2015

Versão impressa — LTr 5159.8 — ISBN: 978-85-361-8379-4
Versão digital — LTr 8682.8 — ISBN: 978-85-361-8367-1

Dados Internacionais de Catalogação na Publicação (CIP)
(Câmara Brasileira do Livro, SP, Brasil)

Direito digital e a modernização do judiciário / Andréia Rocha Feitosa, coordenadora. — São Paulo: LTr, 2015.

Vários autores.

Bibliografia

1. Mídia digital — Leis e legislação 2. Tecnologia e direito I. Feitosa, Andréia Rocha.

15-00186 CDU-34:004

Índice para catálogo sistemático:

1. Direito digital 34:004

Coordenadora

Andréia Rocha Feitosa

Colaboradores

Andréia Rocha Feitosa

Anis Kfouri Júnior

Edison Spina

Fábio Romeu Canton Filho

José Antonio Milagre

José Roberto Amazonas

Joung Won Kim

Leonardo Gonçalves

Luis Fernando Feóla

Luiz Flávio Borges D'Urso

Prefácio

Fernando Herren Aguillar

Dedicatória

À minha mãe Maria de Fátima Rocha Feitosa, pelo carinho, força, coragem, determinação, perseverança, apoio e amor incondicional compartilhados que foram basilares na minha formação.

Ao meu pai Raymundo Bastos Feitosa (in memorian), pelos ensinamentos deixados, que foram importantes ao longo da minha caminhada.

Aos meus irmãos, Angélica Rocha Feitosa, Cicero Saraiva Leão Rocha Feitosa e Raymundo Bastos Feitosa Junior pelas presenças constantes na minha vida.

Ao Dr. Leopoldo Luís Lima Oliveira pela grandeza de seus ensinamentos.

Aos estimados professores, Manoel Manteigas de Oliveira e Júlio Tadeu de Figueiredo, pelos exemplos de compartilhamento do saber.

Aos familiares, amigos e todos os profissionais que colaboraram na minha jornada pessoal e profissional.

Ao Criador, pela essência da vida, aos familiares, pelo apoio constante nessa jornada, principalmente aos pais e mães, que foram o alicerce durante a caminhada, a fonte inspiradora de vida; aos colaboradores desta obra, por proporcionarem a grandeza de seus ensinamentos; aos amigos e operadores do direito, pela grandiosa força e trabalho pela justiça; e à sociedade da informação, pela busca incessante pelo conhecimento.

Sumário

Prefácio

Durante quatro dias consecutivos, no mês de agosto de 2013, sob a coordenação da advogada Dra. Andréia Rocha Feitosa, realizou-se na Escola Senai "Theobaldo de Nigris" o Congresso de Direito e Tecnologia promovido pela OAB Tatuapé, presidida pelo Dr. Leopoldo Luis Lima Oliveira, pela Comissão de Direito Eletrônico e Tecnologia.

Juristas e não juristas tiveram a oportunidade de expor suas visões a respeito de um dos mais importantes temas contemporâneos na área jurídica: a relação entre as inovações tecnológicas e o mundo do direito.

Penetrado por novas técnicas de acesso à informação, de instrumentos processuais, de vendas de bens e serviços, de benefícios à população e a profissionais do direito, e, por que não dizer, de prática de crimes, o direito de hoje gera nos profissionais mais experientes alguma inquietude e, nos mais jovens, o desafio de conciliar o novo e o tradicional.

Nesse panorama de incertezas, a única afirmação segura é a de que as inovações tecnológicas só tendem a aumentar, cobrando de todos os profissionais e doutrinadores a abertura de espírito para entender os novos mecanismos, operá-los de forma satisfatória, preservando-se os princípios estruturadores do Estado de Direito e da Democracia.

Daí a plena justificação para a instigante e oportuna obra, que, por iniciativa da coordenadora do evento, em conjunto com os articulistas, tem por objetivo trazer algumas respostas à variedade de questões que precisam ser enfrentadas.

Um dos principais temas objeto de legítima preocupação dos juristas é o chamado "processo eletrônico", a utilização de ferramentas digitais para substituir peças, incidentes processuais, notificações e até mesmo audiências analógicas, presenciais. É certo que as novas ferramentas até o presente estão em etapa inicial de desenvolvimento. Ainda há muito o que fazer para que os bons instrumentos sejam bem utilizados, de forma segura e com a finalidade de oferecer respostas judiciais mais rápidas e adequadas aos fins jurídicos.

A advogada e coordenadora da obra, Dra. Andréia Rocha Feitosa, em seu artigo "Apontamentos práticos no peticionamento eletrônico atual", reconstitui os seguidos avanços legislativos relacionados à inclusão da tecnologia aos procedimentos judiciais, desde o telex mencionado na Lei de Locações até a instituição do atual processo eletrônico. Além disso, problematiza as questões e escolhas técnicas que têm implicações profundas sobre o exercício da atividade de todo profissional do direito, tais como a unificação dos sistemas processuais eletrônicos e a governança da tecnologia da informação. O artigo traz também uma contribuição da maior importância, que deriva da dedicação de sua autora, que oferecia plantões semanais na Casa do Advogado do Tatuapé, em que esclarecia as dúvidas dos profissionais a respeito de certificação digital e processo eletrônico em geral. Disso derivou uma casuística que foi compilada pela autora e serve de referência a todo profissional do direito nesse período delicado de transição de formas de atuação em juízo.

Também o autor Luís Fernando Feóla, em seu artigo "Processo eletrônico do trabalho e o princípio da razoável duração do processo", preocupa-se com as inovações no mundo processual. Com base em sua experiência como juiz do trabalho e influenciado pelos seus estudos de mestrado em Direitos Fundamentais, Feóla dá atenção particular à questão da duração razoável do processo. A garantia, anteriormente prevista em tratados internacionais, está, desde a Emenda Constitucional n. 45/2003, incorporada à Lei Maior brasileira. Feóla trata das alterações que se fazem sentir com a paulatina introdução da tecnologia aos processos judiciais, desde a supressão do manuseio dos autos até as consequências para a contagem de prazos processuais, demonstrando, ainda, justa preocupação com o tema da automatização da função judicial.

A mesma preocupação com os direitos fundamentais permeia a contribuição do Dr. Luiz Flávio Borges D'Urso, advogado criminalista, em seu artigo "A videoconferência e o direito de defesa". D'Urso suscita o debate a respeito das consequências da introdução, desde a entrada em vigor da Lei n. 11.900/09, de novos mecanismos de interrogatório criminal, como a videoconferência. Para D'Urso, o contato pessoal do magistrado com o interrogado é imprescindível para se assegurar a defesa plena de seus direitos. E a economia de tempo e de recursos públicos não deve ser o único fator determinante na implementação de políticas processuais criminais, no entendimento do atual Conselheiro Federal da OAB. Abordando o tema por outro ângulo, D'Urso, no artigo "Prerrogativas dos advogados na era digital", chama a atenção para o fato de que o destinatário último da proteção das prerrogativas dos advogados é o próprio cidadão, fato que deve preponderar na análise da evolução da tecnologia em sua relação com o direito.

Fábio Romeu Canton Filho, em seu artigo "A CAASP na sociedade da informação", além de demonstrar que a instituição que preside (Caixa de Assistência dos Advogados de São Paulo) está sintonizada com as transformações tecnológicas de hoje, preconiza uma atenção particular à marcha da informatização do processo judicial, conclamando a que se a faça sobre bases seguras e de respeito aos direitos dos profissionais jurídicos.

Ainda, na esfera penal, José Antonio Milagre, que, além de advogado, é perito forense em informática e telecomunicações e vice-presidente da Comissão Estadual de Informática Jurídica da OAB/SP, analisa a introdução de novo tipo penal para a conduta de invasão de dispositivo informático. Seu artigo "Lei n. 12.737/12, desafios jurídicos e seus reflexos na segurança da informação" traz, além de significativa contribuição para a compreensão dos contornos jurídicos do novo tipo penal, uma análise dos pontos relevantes para a realização de perícias específicas para a comprovação dos crimes e de sua autoria.

A advogada e professora da ESA-OAB-SP, Dra. Joung Won Kim, em seu artigo "Internet, novas tecnologias e a responsabilidade civil no âmbito do CDC", além de situar o leitor quanto a aspectos da evolução tecnológica dos sistemas digitais e de comunicação, traz à tona algumas das consequências jurídicas desse movimento desde a perspectiva dos direitos dos consumidores. Mais do que isso, aborda o problema do consumidor hipossuficiente e as exigências educacionais para o acesso satisfatório ao consumo eletrônico, o uso abusivo das ferramentas eletrônicas que se prestam a obter indevidamente informações sobre hábitos e preferências de consumo dos consumidores, além da análise do Marco Civil da Internet e a consagração do princípio da neutralidade da rede.

O advogado Anis Kfouri Júnior, mestre em Direito Político e Econômico e conselheiro da OAB de São Paulo, em seu artigo "A tributação do ICMS nas operações de comércio eletrônico e os impactos jurídicos da tecnologia", disserta sobre as diversas consequências práticas e jurídicas da informatização não só dos hábitos de consumo, mas também dos procedimentos tributários aplicáveis. Analisa com grande minúcia e atenção o tema específico das operações sujeitas a ICMS no comércio eletrônico, notadamente nas situações em que a mercadoria circula entre dois ou mais Estados da Federação, sempre preocupado com a preservação dos direitos fundamentais e o respeito ao cidadão.

Olhando da perspectiva tecnológica, o autor Leonardo Gonçalves, Gerente Comercial da Certisign, esclarece a importante questão da Certificação Digital, indispensável para o funcionamento do processo digital em boas bases de segurança. É por meio da criptografia que se confere autenticidade, confidencialidade, integridade e faz valer o princípio do não repúdio às informações eletrônicas. Em síntese, é o mecanismo; ensina que permite identificar aquele que opera o sistema, daí decorrendo toda uma série de consequências jurídicas da maior relevância. Encerra seu artigo tratando da Infraestrutura de Chaves Públicas Brasileira — ICP-Brasil, que é a base institucional para o funcionamento do sistema de certificação digital no Brasil.

Os professores Edison Spina e José Roberto Amazonas, ambos da Escola Politécnica da USP, dissertam sobre a "internet das coisas", conceito que representa o conjunto de equipamentos, sensores e tecnologias que, interligados pela internet, adquirem funcionalidade a despeito da intervenção humana. No dizer dos autores, "a internet das coisas é a extensão para o mundo real, físico, da internet convencional". São conjuntos tecnológicos que captam e armazenam informações relevantes sobre bens e pessoas, servindo a propósitos de transparência e compilação de dados que podem ser extremamente relevantes do ponto de vista comercial ou industrial, facilitam o monitoramento ambiental e controlam o trânsito nas grandes cidades, com benefícios sociais indiscutíveis. Mas, também, conforme demonstram os autores, ensejam cautelas do ponto de vista ético, em face do uso potencialmente nocivo de informações sobre a vida dos cidadãos.

Em suma, essas contribuições renderam, assim, importantes frutos para a informação e aprimoramento não apenas de profissionais do direito, mas, sobretudo, de cada cidadão. Em cada uma delas, registra-se a preocupação do resguardo aos direitos fundamentais, com o objetivo de tornar a irresistível e veloz evolução tecnológica cada vez menos um instrumento de controle sobre o cidadão e cada vez mais dócil aos fins do Estado de Direito e da Democracia.

FERNANDO HERREN AGUILLAR
Diretor da Faculdade de Direito da Universidade São Judas Tadeu.
Professor do curso de Gestão de Políticas Públicas da Universidade de São Paulo.
Doutor em Direito Econômico (USP). Advogado em São Paulo.

Nota da Coordenadora

Com o desenvolvimento dos recursos tecnológicos, a mudança na estrutura da Sociedade, a forma de atuação e comunicação, que trouxeram inegáveis benefícios e conquistas, com a disseminação rápida da informação, culminando inclusive na Modernização do Judiciário, e na forma de atuação dos operadores do Direito, despontou a necessidade de estudo dos institutos jurídicos envolvidos e o conhecimento da Tecnologia.

A Tecnologia transformou-se em uma importante aliada em todos os ramos da sociedade, na telefonia, nas relações bancárias, consumeristas, na comercialização de produtos, nas negociações empresariais, gerando os mais variados efeitos, o que demonstra a necessidade de entendimento dessas relações e os seus efeitos jurídicos.

Diante das rápidas alterações ocorridas, notadamente, com a instituição do denominado Processo Eletrônico, a Tecnologia ainda influencia nos demais ramos do direito, portanto, havendo a necessidade da construção de uma obra apontando as transformações, bem como trazendo conhecimento de forma ampla das principais influências geradas nos diversos ramos do direito.

O trabalho foi desenvolvido abordando temas variados de Direito Digital que atinge reflexamente institutos de direito Material, Processual, Constitucional, Consumidor, Tributário, Penal, Processual, Trabalho, Ética, Prerrogativas Profissionais, Tecnologia, entre outros.

Assim, a obra pretende discutir os assuntos, o entendimento das relações, a demonstração de conteúdo técnico aliado ao direito, com a demonstração ainda da legislação e dos institutos aplicáveis, e de outro lado, cogitando-se ainda em determinados momentos sobre a possibilidade de novos institutos.

O livro é indicado para acadêmicos de direito, graduados, pós-graduados, estudiosos da área, profissionais da área jurídica, de tecnologia, e interessados em geral, pela característica diferenciada do seu conteúdo multidisciplinar.

No decorrer da obra, os autores, preocuparam-se com a compilação da legislação aplicável, doutrina, jurisprudência, bem como o estudo prático e analítico das alterações ocorridas no Universo Jurídico.

Cabe ressaltar, que a construção do saber jurídico vem de um trabalho conjunto de todos, sendo assim, será uma honra contar com a contribuição dos leitores, trazendo suas críticas e sugestões, podendo ser encaminhadas para: andreiafeitosa@adv.oabsp.org.br e andreiafeitosa@ig.com.br.

Apontamentos Práticos no Peticionamento Eletrônico Atual

Andréia Rocha Feitosa(*)

Atualmente, vivemos a denominada "sociedade da informação", momento este em que todos os cidadãos estão diuturnamente conectados à rede mundial de computadores, recebendo e transmitindo diversificadas informações, bem como buscando incessantemente novos meios tecnológicos que atendam aos seus anseios de consumo.

Essa sociedade da informação procura usar as novas tecnologias como forma de racionalização de tarefas cotidianas, o que de certa maneira gera um consumo cada vez maior de novas tecnologias.

Esse avanço ocorreu devido à grande trajetória dos avanços tecnológicos e à própria estrutura de pensamento da sociedade. As informações são difundidas em apenas um "click", e todos têm acesso, sem distinção.

Com toda essa transformação, a sociedade passa por um processo evolutivo e, nesta seara, o poder legislativo e o judiciário atendendo aos novos

(*) Articulista e Coordenadora da obra. Advogada, consultora jurídica, professora, pós-graduada em Direito Público, coordenadora da Comissão de Direito Eletrônico e Tecnologia da 101ª Subseção da Ordem dos Advogados do Brasil — Seção São Paulo (Triênio 2013/2015) e conselheira da Escola Técnica Martin Luther King — Centro Estadual de Educação Tecnológica Paula Souza. Contato: andreiafeitosa@adv.oabsp.org.br e andreiafeitosa@ig.com.br ou pela mídia social facebook: andreia.feitosa.986@facebook.com.

anseios da sociedade e aos preceitos da celeridade e da duração razoável do processo, apresentaram propostas de reforma para atender à denominada sociedade da informação.

Em uma retrospectiva legislativa, podemos destacar as diversas mudanças ocorridas no poder judiciário, na expectativa de informatização judicial, consistindo em mais um elo da sociedade, com um judiciário digital.

Com isso, o primeiro diploma legal que tratou de uma movimentação em prol dos avanços tecnológicos foi com a edição da Lei n. 8.245/91, denominada Lei de Locações, em seu art. 58, inciso IV, conforme segue:

> IV — desde que autorizado no contrato, a citação, intimação ou notificação far-se-á mediante correspondência com aviso de recebimento, ou, tratando-se de pessoa jurídica ou firma individual, também mediante telex ou *fac-símile*, ou, ainda, sendo necessário, pelas demais formas previstas no Código de Processo Civil.

Conforme se extrai do artigo mencionado, com a finalidade de promover a celeridade processual e atender aos comandos constitucionais, visando à efetividade da Justiça, a lei de locações resguardou a possibilidade da utilização de instrumentos tecnológicos como meio de facilitação dos atos processuais, embora ainda de maneira singela.

A previsão legal existente na lei de locações abarcava apenas a utilização de meio tecnológico para citação, intimação ou notificação, por telex ou fac-símile, desde que fosse convencionado em contrato e tal prerrogativa incluía somente a pessoa jurídica e a firma individual, sendo que os demais estariam excluídos da hipótese. Portanto, apesar de ser um começo para a informatização, não tinha a capacidade de abranger um maior número de ações.

Com o advento da Lei n. 9.800/99 (que permite às partes a utilização de sistema de transmissão de dados para a prática de atos processuais), o que aderiu ao anseio pela informatização judicial, com o uso do fac-símile ou instrumento similar para a prática de atos processuais, conforme se extrai do artigo a seguir mencionado:

> Art. 1º É permitida às partes a utilização de sistema de transmissão de dados e imagens tipo fac-símile ou outro similar, para a prática de atos processuais que dependam de petição escrita.

Conforme se abstrai do dispositivo legal, em comparação à lei de locações, ampliou-se o campo de atuação dos instrumentos tecnológicos, pois com a lei de locações apenas era permitida nas citações, intimações ou notificações, ao passo que com a lei em comento era dada às partes a oportunidade para o cumprimento de atos processuais.

A grande problemática na utilização desse instrumento tecnológico seria quanto à obrigatoriedade de envio dos originais, pois gerava um sobrecarga de trabalho ao profissional e ao judiciário.

O prazo para envio de originais deveria ser observado, sob pena de perecimento do direito. Tal exigência também se mostrava necessária em razão da natureza provisória do papel enviado.

Ademais, em alguns Tribunais da Federação, inexistia o referido instrumento tecnológico, o que impactava sua utilização.

Algumas controvérsias surgiram, pois a lei mencionava "outro similar". Inclusive foi objeto de discussão nas cortes superiores, em razão de se cogitar a utilização do endereço eletrônico para envio de petições, o que foi afastado de plano, tendo em vista que o referido instrumento não apresentava os requisitos de segurança necessários e, nem tampouco, os tribunais contemplavam sistemas tecnológicos para seu recebimento e administração dos dados.

Embora exaustivamente utilizados os meios tecnológicos previstos na Lei n. 9.800/99, o anseio social era por uma justiça mais facilitadora. Com isso, a informatização judicial teria que conter mecanismos de forma mais efetiva, de modo a atender aos diversos cenários da justiça.

Conforme a doutrina, surgia o primeiro modelo de processo eletrônico com a edição da Lei n. 10.259/01, dos juizados especiais federais, com a seguinte inteligência:

> Art. 8º, § 2º Os tribunais poderão organizar serviço de intimação das partes e de recepção de petições por meio eletrônico.
>
> Art. 14, § 3º A reunião de juízes domiciliados em cidades diversas será feita pela via eletrônica.

A lei dos juizados especiais federais ampliou o uso dos recursos tecnológicos, com a utilização da intimação das partes e a recepção de petições por meio eletrônico. Até então, o meio usado era a intimação, citação ou notificações, desde que convencionados em contrato (Lei n. 8.245/91), e o envio e recepção de documentos, nos termos da Lei n. 9.800/99.

Com esta nova lei, de acordo com a nova sistemática legal, o envio de petições ocorria no portal do respectivo tribunal, por meio de um cadastro do usuário que permitia o uso de *login* e senha para envio.

Outra inovação era quanto à organização do judiciário, pois eram permitidas reuniões de juízes de comarcas distintas por via eletrônica, o que promovia agilidade na resolução de questões apresentadas.

O primeiro modelo de processo eletrônico com a criação dos juizados especiais federais foi uma inovação tecnológica, porém ainda não abarcava todas as esferas de jurisdição.

A despeito do advento da Lei n. 10.259/01, ocorria no mesmo momento o veto do art. 154 do Código de Processo Civil, que disciplinava:

> Atendidos os requisitos de segurança e autenticidade, poderão os tribunais disciplinar, no âmbito de sua jurisdição, a prática de atos processuais e sua comunicação às partes, mediante a utilização de meios eletrônicos.

O dispositivo legal proporcionava uma informatização judicial mais efetiva, porém, diante do veto, estar-se-ia diante de um retrocesso perante toda a movimentação para a implantação do denominado processo eletrônico, pelo menos em um primeiro momento.

Posteriormente, adveio a Medida Provisória n. 2.200-2, de 2001 (que instituiu o sistema das chaves públicas brasileiras, ICP — Brasil), com diretrizes para o uso da Certificação Digital, conforme dispositivo legal:

> Art. 1º Fica instituída a Infraestrutura de Chaves Públicas Brasileira — ICP-Brasil, para garantir a autenticidade, a integridade e a validade jurídica de documentos em forma eletrônica, das aplicações de suporte e das aplicações habilitadas que utilizem certificados digitais, bem como a realização de transações eletrônicas seguras.

Em um comparativo com o sistema do juizado especial federal e de alguns tribunais, o *login* e senha foram criados para atender de forma simplificada. Já com a Lei n. 11.419/06, a engenharia computacional tornou-se mais complexa, notadamente na questão de assinatura de documentos, que já munidos de autenticidade, confidencialidade, integridade e não repúdio.

A importância da certificação digital guarda relação com a internet, em razão do código aberto, o que possibilita a fácil alteração de documentos. Com a adoção desse critério, haveria a promoção de maior segurança, pois os códigos inseridos seriam dificilmente corrompidos. Além disso, a validade do certificado é de três anos, justamente para se evitar que uma nova tecnologia fosse descoberta, o que poderia atingir a segurança do mecanismo.

O Certificado Digital é uma ferramenta que engloba os dados do usuário preservados em um código criptografado, servindo para atestar a autoria do emissor de determinado documento, com as características descritas anteriormente.

A sua utilização permite também aumentar a segurança em função do trinômio das identificações, ou seja, uma autoridade autentica a existência da outra até a identificação do usuário, diferentemente da assinatura normal, que teria como opção apenas um reconhecimento de firma em cartório, por exemplo.

O uso do mecanismo guarda as suas controvérsias, pois uma vez assinado digitalmente um documento, uma das características é o não repúdio. Em contrapartida, os vícios do consentimento previstos no Código Civil estariam relativizados? É uma questão a ser discutida oportunamente.

Diante do novo cenário, surgiu a Lei n. 11.419/06 (que instituiu a informatização judicial em todas as esferas de jurisdição), admitindo, nos termos do art. 1º:

> Art. 1º O uso de meio eletrônico na tramitação de processos judiciais, comunicação de atos e transmissão de peças processuais será admitido nos termos desta Lei.
>
> § 1º Aplica-se o disposto nesta Lei, indistintamente, aos processos civil, penal e trabalhista, bem como aos juizados especiais, em qualquer grau de jurisdição.

Conforme se depreende do dispositivo legal, em qualquer esfera da jurisdição é possível a utilização do peticionamento eletrônico, ampliando-se o campo de atuação.

Apesar do advento da Lei n. 11.419/06, o juizado especial federal e alguns tribunais permitiam o uso do sistema por meio de *login* e senha. Inicialmente, poderia se cogitar a não observância legal, porém apesar da discussão, os tribunais vieram se adequando ao disposto na Lei de Informatização Judicial.

Apesar da edição da Lei n. 11.419/06, a doutrina apontava que não foi instituído um novo modelo de processo eletrônico, mas apenas um procedimento que autorizava a utilização por esse meio.

Uma parcela da doutrina cogitou que se trata de um mero procedimento. Não se pode desprezar que existe uma movimentação para a concretização de um processo eletrônico efetivo, conforme se demonstra pela alteração da forma de cumprimento de atos processuais e da busca pela tutela jurisdicional.

Ademais, o denominado processo eletrônico possui características próprias, princípios próprios e forma de atuação diferenciada em relação ao anteriormente praticado.

Ressalte-se oportunamente que, apesar de toda a movimentação ocorrida para a implantação do sistema, na prática existe uma grande dificuldade para os profissionais do direito na sua utilização.

A Lei n. 11.419/06 possibilitou a criação de sistema próprio para cada tribunal, embora algumas diretrizes sejam comuns a todos os sistemas, tais como: cadastro prévio, exigência da certificação digital, cadastramento das informações referentes ao tipo de ação a ser proposta, cadastramento das partes e envio das documentações. Porém, para ingressar em cada sistema, existem algumas peculiaridades.

Se observarmos os vários modelos criados, há uma exigência para que o usuário observe as regras expedidas, o que acaba por impactar a vida do profissional do direito, sofrendo os seus efeitos, e, por conseguinte, o jurisdicionado.

As várias regras a serem verificadas geraram uma burocracia a ser seguida pelo profissional do direito, a despeito da intenção de independência na sistemática processual.

Além do impasse mencionado, para fins de viabilizar o sistema do processo eletrônico, teria que existir uma governança da tecnologia da informação consistente e efetiva, para a administração técnica do processo e suas fases na prática.

Em sua execução, o uso da governança mostra-se dificultoso, pois a presidência dos tribunais cumpre um período de mandato, o que dificulta muito que a administração dessa tecnologia se perpetue, avance, gerando com isso uma maior estabilidade das relações perante o judiciário.

A solução seria a criação de um sistema único? Ou o profissional teria que se aprimorar em todas as regras expedidas?

Em última análise, o fato é que o Poder Judiciário dos estados tiveram gastos com a criação de seus sistemas, e por outro lado, toda a movimentação despendida para a modernização do judiciário criou obstáculos, na medida em que o profissional teria que acompanhar todas as diretrizes dos Tribunais.

A adoção de um sistema único foi uma das propostas do Conselho Nacional de Justiça. A Ordem dos Advogados do Brasil (OAB) não mediu esforços para que a advocacia se adequasse ao novo modelo proposto, inclusive com sugestões para facilitação dos trabalhos.

Por fim, poderíamos concluir que a lei assegura de fato o direito do jurisdicionado e resguarda as prerrogativas do profissional do direito, e não apenas visa atender a questões meramente técnicas, de modo a viabilizar a sua estrutura organizacional?

Diante de todo o explanado, algumas questões foram objeto da análise prática em plantões semanais ocorridos na Casa do Advogado do Tatuapé, suscitados em Palestras, Congressos, Seminários e em aulas ministradas em outras instituições, em que realizei atendimento de profissionais do direito, o que compartilho a seguir: a análise do impacto verificado no universo jurídico.

Um dos desafios experimentados foi quanto à localização de informações para o manuseio do processo eletrônico, o que, segundo esses profissionais, não era de fácil verificação.

Além disso, uma questão muito estressante dizia respeito às constantes falhas ocorridas para o envio das petições, à ausência de outra opção, na ocorrência de falha de transmissão que não fosse detectada prontamente pelo tribunal, o que gerava insegurança sobre a certificação ou não da indisponibilidade e a consequente suspensão do prazo.

Outras questões de ordem técnica surgiram principalmente no que tange às diretrizes necessárias, programas que deveriam ser utilizados para o manuseio do denominado processo eletrônico.

A problemática era ainda quanto à digitalização de documentos e a redução do seu tamanho, principalmente em ações com um excessivo número de documentos. Qual era a solução apontada para solucionar a questão?

Com relação ao grande número de documentos, ou ainda na hipótese de ser inviável a digitalização por ser ilegível, conforme previsão legal (Lei n. 11.419/06), seria caso de depósito em cartório:

> § 5º Os documentos cuja digitalização seja tecnicamente inviável devido ao grande volume ou por motivo de ilegibilidade deverão ser apresentados ao cartório ou secretaria no prazo de 10 (dez) dias contados do envio de petição eletrônica comunicando o fato, os quais serão devolvidos à parte após o trânsito em julgado.

Em que pese à disposição legal, na prática, como o operador do direito verificaria o que seria uma grande quantidade ou não de documentos? Na vivência podemos perceber que quinhentas páginas, segundo algumas decisões, não consistiriam em um grande número de documentos. Então o que fazer?

Talvez uma solução emergencial com a finalidade do prosseguimento da ação seria a apresentação dos principais documentos, porém não seria a mais correta.

A situação relatada poderia impactar no direito do jurisdicionado, por conta de questões meramente técnicas, com perda de prazos processuais.

Além disso, no que diz respeito ao cadastramento de informações da ação a ser distribuída, em caso de situação irregular ou qualquer situação de restrição ao CPF (Cadastro de Pessoas Físicas), ou mesmo uma questão de ordem técnica do sítio do tribunal que não reconhecesse a carteira de advogado(a), isso impediria o acesso ao judiciário?

No que se refere ao cadastramento errôneo de informações, seria uma hipótese de inépcia da inicial? As questões meramente técnicas não teriam a capacidade de gerar um efeito jurídico, mesmo porque a técnica não poderia causar o afastamento da justiça e a busca pela tutela jurisdicional, nem tampouco prejudicar o direito do cidadão.

Ademais, outra questão debatida no Superior Tribunal de Justiça (STJ) foi com relação à titularidade da assinatura eletrônica em relação ao subscritor(a) da petição.

O entendimento do STJ, em caso de assinaturas divergentes, configuraria a inexistência da petição, e outra corrente apontou a possibilidade do recebimento, desde que o procurador tivesse os poderes da cláusula *ad judicia*.

Outro caso debatido pelo STJ foi a respeito do horário de envio das peças processuais.

Nos termos da lei, o horário para cumprimento de prazo processual é o do Observatório Nacional em Brasília, e não o da cidade em que se encontra o subscritor da petição.

Para fins de tempestividade, será considerado o horário de recebimento dos documentos, e não o horário de envio, nos termos da Lei n. 11.419/06.

Referida questão é extremamente preocupante, pois no caso de um número elevado de documentos, o sistema teria que processar as informações, e isso demandaria tempo.

Caso o peticionante execute a preparação dos documentos próximo do término do seu prazo, poderia não ter tempo hábil para processar toda a documentação, pois o sistema processa todo o material para após atestar o envio, e por consequência o recebimento.

Outro fator importante diz respeito ao horário para a prática dos atos processuais, que, conforme a lei, poderá ocorrer:

> Art. 3º, parágrafo único da Lei n. 11.419/06. Quando a petição eletrônica for enviada para atender prazo processual, serão consideradas tempestivas as transmitidas até as 24 (vinte e quatro) horas do seu último dia.

Embora a lei mencione até 24 (vinte e quatro) horas do seu último dia, o fato é que automaticamente haveria a perda do prazo processual, pois 24 (vinte e quatro) horas já significam de outro dia. A solução encontrada seria o envio até as 23h59 horas, para o efetivo cumprimento.

Além disso, foi observado na Superior Corte sobre a confiabilidade das informações inseridas no portal do tribunal. Antes o entendimento era de que as informações inseridas eram apenas informativas.

Atualmente, dada a informatização judicial, prevalece a observância da boa-fé, da segurança, dos princípios da eficiência da administração e da celeridade processual. Em caso de erro nas informações, é hipótese de justa causa para reabertura de prazos, o que até então não era possível.

Houve também discussão na questão do cadastro prévio e o uso concomitante da certificado digital, se teria aptidão para gerar duplicidade nas informações. A doutrina aponta que seriam condições complementares ao uso do sistema.

Outro fator recorrente seria com relação aos requisitos técnicos para acesso ao sistema, tais como: certificado digital, características operacionais do computador, aparelhos tecnológicos, diversas resoluções dos tribunais da Federação.

Muitas indagações surgiram frente às diversas resoluções dos tribunais da Federação, que, ao regulamentarem a lei com o fito de instituir a informatização judicial, em contrapartida geraram obrigações, ônus, exercitando uma prerrogativa legislativa e ampliando o campo de atuação da lei que a instituiu.

Pois bem, o Poder Judiciário nessa era digital é objeto de muitas discussões, pois ao mesmo tempo em que proporcionou um avanço, também causou um efeito devastador na utilização do sistema, tendo em vista os obstáculos encontrados para a inclusão digital de forma efetiva e a dificuldade de atendimento a todos os tribunais da Federação frente aos recursos tecnológicos.

A solução estaria intrinsecamente ligada à criação de um sistema de fácil manuseio? Assim, atenderia ao preceito máximo do acesso ao judiciário.

Além disso, a instituição do denominado processo eletrônico afastou, de certo modo, o profissional do direito e o jurisdicionado do poder judiciário, apesar de todo o avanço em tese proporcionado.

Até então, o jurisdicionado se deslocava à procura de informações processuais, mas com o modelo adotado, as informações necessariamente devem ser verificadas no sítio do tribunal, situação similar ao que ocorre também com o profissional do direito. A sociedade da informação estaria preparada sem a devida conscientização para a justiça digital?

Em contrapartida, alguns procedimentos que tornavam o andamento processual mais lento foram reduzidos.

Podemos destacar a eliminação das seguintes etapas: o deslocamento do profissional até o judiciário a fim de distribuir ou protocolar uma petição, o dispêndio de tempo para a juntada de petições, a longa espera por um despacho/decisão, o deslocamento para despachar com o magistrado, carga de autos, o acesso aos autos em caso de prazo comum.

Além disso, busca-se com o processo eletrônico que o serventuário possa se direcionar a atividades mais importantes, eliminando as etapas burocráticas até então realizadas.

Uma etapa, objeto de discussão entre os operadores do direito, seria o ato de despachar com o magistrado, que, devido ao processo eletrônico, causou certa dúvida sobre o referido procedimento.

Atualmente, o ato de despachar com o juiz está em desuso, entretanto, o profissional do direito tem a prerrogativa de se direcionar à autoridade jurisdicional.

Ao despachar, o operador do direito, com o número do processo, pode se direcionar ao magistrado para discutir a demanda, inclusive peticionando eletronicamente nesse caso, o juiz, com acesso virtual ao pleito, poderia despachar normalmente, porém na modalidade eletrônica.

Há muitas questões a serem trabalhadas no uso do peticionamento eletrônico, haja vista a ausência de infraestrutura adequada dos serviços públicos, pois muitos estados sequer são alcançados pelo serviço de internet (banda larga), e a precariedade, inclusive de energia elétrica, de modo a viabilizar o seu uso.

Ainda, os sistemas não se adequaram à questão da acessibilidade digital em sentido amplo, ou seja, aos portadores de necessidades especiais e ao próprio cidadão excluído da seara digital.

Não se pode olvidar que o judiciário e o legislativo buscaram a inovação tecnológica, bem como atender aos princípios da nossa Constituição Federal.

Os novos meios tecnológicos precisam ser enfrentados com mecanismos que sejam oferecidos de modo que o jurisdicionado, a democracia e a própria justiça não sejam prejudicados frente à denominada era digital.

Poderia-se cogitar como uma forma de auxílio, para a efetividade digital, a criação de centrais de ajuda.

Além disso, uma forma de facilitação do uso seria a criação de bloqueios em caso de erro no manuseio como forma de viabilizar o procedimento correto e resguardar o direito do jurisdicionado.

Em linhas gerais, a inovação tecnológica certamente teve o fito de promover o progresso no judiciário brasileiro, mas a despeito dessa promoção e da sociedade atual buscar incessantemente a otimização do seu tempo pelas novas tecnologias, a finalidade última da sociedade consiste na humanização.

A denominada sociedade da informação constantemente evolui frente às novas tecnológicas, porém o lado sociológico, humanitário, deve prevalecer, dando sentido ao primado constitucional e um dos fundamentos da República Federativa do Brasil, que é a "dignidade da pessoa humana", sendo efetivamente cumprido, com a efetividade da justiça, além do sentimento de justiça com a promoção social e a facilitação do judiciário digital para todos.

Muitos outros questionamentos e apontamentos poderiam ser suscitados, entretanto, procuramos de forma compilada englobar as questões mais recorrentes do assunto, sendo que outros pontos surgirão em razão das rápidas transformações na sociedade da Informação, o que será objeto de novas discussões.

Referências

BRASIL. Lei n. 8.245, de 30 de novembro de 2012. Dispõe sobre as locações dos imóveis urbanos e os procedimentos a elas pertinentes. Legislação Federal.

Disponível em: <http://www.planalto.gov.br/ccivil_03/Leis/L8245.htm>. Acesso em: 21.8.2014.

______ . Lei n. 9.800, de 27 de maio de 1999. Permite às partes a utilização de sistema de transmissão de dados para a prática de atos processuais. Legislação Federal. Disponível em: <http://www.planalto.gov.br/ccivil_03/Leis/L9800.htm>. Acesso em: 21.8.2014.

______ . Lei n. 10.259, de 13 de julho de 2001. Dispõe sobre a instituição dos Juizados Especiais Cíveis e Criminais no âmbito da Justiça Federal. Legislação Federal. Disponível em: <http://www.planalto.gov.br/ccivil_03/Leis/LEIS_2001/L10259.htm>. Acesso em: 21.8.2014.

______ . Medida Provisória n. 2.200 — 2, de 27 de agosto de 2001. Institui a Infraestrutura de Chaves Públicas Brasileira — ICP-Brasil, transforma o Instituto Nacional de Tecnologia da Informação em autarquia, e dá outras providências. Disponível em: <https://www.planalto.gov.br/ccivil_03/MPV/Antigas_2001/2200-2.htm>. Acesso em: 21.8.2014.

______ . Lei n. 11.419, de 20 de dezembro de 2006. Dispõe sobre a informatização do processo judicial; altera a Lei n. 5.869, de 11 de janeiro de 1973 — Código de Processo Civil; e dá outras providências. Legislação Federal. Disponível em: <http://www.planalto.gov.br/ccivil_03/_Ato2004-2006/2006/Lei/L11419.htm>. Acesso em: 21.8.2014.

______ . Lei n. 5.869/01, de 11 de janeiro de 1973. Institui o Código de Processo Civil. Legislação Federal. Disponível em: <http://www.planalto.gov.br/ccivil_03/Leis/L5869.htm>. Acesso em: 21.8.2014.

SIMÃO FILHO, Adalberto *et al. Direito da sociedade da informação:* temas jurídicos relevantes. São Paulo: Quartier Latin, 2012.

______ . O processo eletrônico na visão do advogado. *Revista do Advogado,* São Paulo, n. 120, ano XXXIII, ago. 2013.

TEIXEIRA, Tarcisio. *Curso de direito e processo eletrônico.* 2. ed. São Paulo: Saraiva, 2013.

Processo Eletrônico do Trabalho e o Princípio da Razoável Duração do Processo

Luis Fernando Feóla[(*)]

I. Introdução

O estudo visa analisar de forma crítica a repercussão da implantação da tramitação de processos em meio eletrônico nos princípios jurídicos, em especial quanto ao princípio da razoável duração do processo.

A integração das ciências jurídicas e da tecnologia da informação e as influências dos valores e características de uma em outra servem de fonte inspiradora do estudo.

A tecnologia da informação é uma ciência que tem como principal finalidade o aprimoramento, automatização e facilitação de rotinas, e um de seus mais importantes efeitos é tornar, com sua aplicação, as atividades diárias mais práticas e simples.

(*) Juiz do Trabalho do Tribunal Regional do Trabalho da 2ª Região. Mestre em Direitos Fundamentais. Membro do Comitê Gestor Regional do Processo Judicial Eletrônico do TRT da 2ª Região. Capacitador para magistrados e advogados em Processo Judicial Eletrônico pelo CSJT — Conselho Superior da Justiça do Trabalho. Professor universitário.

A influência de padrões e princípios aplicados apenas à ciência da informática acaba por gerar efeitos em outros ramos do conhecimento humano. E a ciência jurídica não escapa desse magnetismo.

A alteração de visões e percepções de valores é um dos pontos mais fortes da irradiação de efeitos e da integração entre tecnologia e o Direito.

II. A razoável duração do processo judicial

A razoável duração do processo é um princípio jurídico decorrente do princípio do devido processo legal. Não é um mero efeito do princípio da segurança jurídica ou um mero elemento coadjuvante de outras normas. Se assim fosse, seria desprovido de carga normativa própria e os princípios — como modernamente são conceituados na era do pós-positivismo — têm, como o tem a razoável duração do processo, essa característica marcante.

Robert Alexy[1] ensina que princípios são espécies de normas jurídicas, tal como as regras jurídicas, "porque ambos dizem o que deve ser".

Princípios, ainda na visão filosófica de Aristóteles, fazem parte da coisa, portanto, estão presentes desde sua criação. Para o filósofo princípio significa "a parte de uma coisa a partir da qual pode-se empreender o primeiro movimento... o ponto de partir do qual é possível que cada coisa seja, do melhor modo, originada"[2]. Estava ele a decifrar o "ser enquanto ser" e para isso, buscava a origem das coisas. Essa origem é o princípio, aquilo que funda, rege e marca a coisa em toda a sua existência.

Não é possível dissociar a coisa de sua essência e os princípios são impregnados no objeto de modo a induzir, harmonizar e dar coesão ao modo de pensar humano relativamente a ele.

Como princípio jurídico, a razoável duração do processo está consignada no Pacto de San José da Costa Rica (Convenção Americana sobre Direitos Humanos, de 22.11.1969, ratificada pelo Brasil conforme Decreto n. 678/92), em seu art. 8º, que colaciona-se:

---

(1) ALEXY, Robert. *Teoría de los derechos fundamentales*. Madrid: Centro de Estúdios Políticos y Constitucionales, 2002. p. 57-58.

(2) *Metafísica*, 1012. p. 34.

Art. 8º — Garantias judiciais

1. Toda pessoa terá o direito de ser ouvida, com as devidas garantias e dentro de um prazo razoável, por um juiz ou Tribunal competente, independente e imparcial, estabelecido anteriormente por lei, na apuração de qualquer acusação penal formulada contra ela, ou na determinação de seus direitos e obrigações de caráter civil, trabalhista, fiscal ou de qualquer outra natureza.

2. Toda pessoa acusada de um delito tem direito a que se presuma sua inocência, enquanto não for legalmente comprovada sua culpa. Durante o processo, toda pessoa tem direito, em plena igualdade, às seguintes garantias mínimas:

a) direito do acusado de ser assistido gratuitamente por um tradutor ou intérprete, caso não compreenda ou não fale a língua do juízo ou tribunal;

b) comunicação prévia e pormenorizada ao acusado da acusação formulada;

c) concessão ao acusado do tempo e dos meios necessários à preparação de sua defesa.

Também há previsão de tal norma na Convenção Europeia para Salvaguarda dos Direitos do Homem e das Liberdades Fundamentais (1950), em seu art. 6º, 1, *verbis*:

Art. 6º

1 — Qualquer pessoa tem direito a que a sua causa seja examinada, equitativa e publicamente, num prazo razoável por um tribunal independente e imparcial, estabelecido pela lei, o qual decidirá, quer sobre a determinação dos seus direitos e obrigações de carácter civil, quer sobre o fundamento de qualquer acusação em matéria penal dirigida contra ela. O julgamento deve ser público, mas o acesso a sala de audiências pode ser proibido a imprensa ou ao público durante a totalidade ou parte do processo. Quando a bem da moralidade, da ordem pública ou da segurança nacional numa sociedade democrática, quando os interesses de menores ou a protecção da vida privada das partes no processo o exigirem, ou, na medida julgada estritamente necessária pelo tribunal, quando, em circunstancias especiais, a publicidade pudesse ser prejudicial para os interesses da justiça.

A Constituição Mexicana de 1917 também já trazia, àquela época, a preocupação com a rapidez do andamento processual, o que não se desvincula da ideia que gera a noção de razoabilidade do tempo de duração de um processo judicial, *ipsis litteris*:

Artículo 17º

Ninguna persona podrá hacerse justicia por sí misma, ni ejercer violencia para reclamar su derecho.

Toda persona tiene derecho a que se le administre justicia por tribunales que estarán expeditos para impartirla en los plazos y términos que fijen las leyes, emitiendo sus resoluciones de manera pronta, completa e imparcial. Su servicio será gratuito, quedando, en consecuencia, prohibidas las costas judiciales.

Estabelecer que um processo judicial deve durar o tempo necessário e adequado para uma prestação jurisdicional justa é um anseio social remoto.

Quem ainda não ouviu a frase "a Justiça tarda mas não falha"?

José Aldemy da Silva Acioly[(3)], em ensaio sobre a crise do processo judicial, critica:

> Com efeito, a sociedade cresceu, os conflitos se multiplicaram e a prestação jurisdicional tornou-se morosa, máxime pela consagração do procedimento ordinário, que permite a cognição plena e exauriente de um direito e litígio, repelindo sua cognição parcial, sumarizada, relegando-a à excepcionalidade. Houve, portanto, a priorização da segurança jurídica, entendida como o direito dos litigantes à cognição exaustiva do direito em litígio, ensejando a amplitude do contraditório, da defesa, da interposição de recursos etc., em detrimento da tempestividade da prestação jurisdicional, em última análise, entendida como acesso à Justiça.

O processo como elemento instrumental não é desprovido de propósitos. O fim principal da existência substancial do processo é a pacificação social dos conflitos, mas esse fim só é efetivo se a proposição estiver adequada ao tempo da resolução. A resolução tardia mostra-se substancialmente ineficaz.

Por isso, o desejo da sociedade em ver os conflitos decididos de forma temporalmente justa.

E como anseio, embora a proposição da razoável duração do processo fizesse parte do sistema normativo brasileiro desde 1992, quando da ratificação do Pacto de San José da Costa Rica, não produziu, de plano, os efeitos objetivos enunciados porque estava posicionada infraconstitucionalmente.

O Supremo Tribunal Federal, contudo, evoluiu na sua jurisprudência e decidiu que os tratados internacionais que versem sobre as normas que

---

(3) *Crise do processo:* uma visão crítica. Disponível em: <http://trt19.jus.br/doutrina/003.htm>. Acesso em: 3.5.2014.

tratem de direitos humanos adentram ao ordenamento jurídico pátrio no nível supralegal, ou seja, hierarquicamente subordinadas às normas constitucionais e imediatamente superiores às normas legais infraconstitucionais (RE 349.703 e RE 466343 e *Habeas Corpus* 466343, onde se discutiu a prisão civil de alienante fiduciário infiel tendo em vista a eficácia do art. 7º do mesmo Pacto de San José da Costa Rica).

O efeito, contudo, da proposição no Tratado Internacional referido, foi político, sensibilizando o legislador constituinte derivado que, em 30 de dezembro de 2004, promulgou a Emenda Constitucional n. 45, inserindo no art. 5º da Constituição Federal, que trata dos "Direitos e Garantias Individuais" o inciso LXXVIII assim redigido:

> LXXVIII — a todos, no âmbito judicial e administrativo, são assegurados a <u>razoável duração do processo</u> e os meios que garantam a celeridade de sua tramitação.

Alçou-se, então, ao nível constitucional o princípio da razoável duração do processo, constituindo-se numa garantia fundamental, o que foi extremamente relevante, porque, como ensina Cândido Rangel Dinamarco[(4)] "o direito processual constitucional põe o estudo do procedimento sob enfoque da garantia do devido processo legal e com isso o estudioso conscientiza-se de que as exigências do Código constituem projeção de uma norma de maior amplitude e mais alta posição hierárquica, sendo indispensável uma interpretação sistemática".

Como dito, a razoável duração do processo deflui e completa o sentido do princípio do devido processo legal, atribuindo-lhe em grande medida o valor de *dever ser* um processo justo, equilibrado, no que se denomina devido processo legal substancial. Constitui-se numa garantia constitucional de respeito ao Estado de Direito.

Portanto, na visão atual, a razoável duração do processo tem força normativa como princípio fundamental que é, constituindo-se uma garantia fundamental.

Não há direito fundamental sem a segurança de que uma garantia igualmente fundamental não esteja à disposição das pessoas.

A garantia que se dá com a assimilação a este princípio tem ao menos duas dimensões.

---

(4) DINAMARCO, Cândido Rangel. *Fundamentos do processo civil moderno*. 6. ed. São Paulo: Malheiros, 2002. p. 731.

III. As dimensões da razoável duração do processo. Visão atual

Uma das dimensões que a norma trazida no princípio em estudo nos remete está em impingir um sentido de celeridade aos processos judiciais.

A morosidade da Justiça é um problema de natureza social que prejudica a vida não só das pessoas, mas da sociedade como um todo. Com uma Justiça lenta, a sociedade não tem seus conflitos dirimidos a tempo de se obter segurança jurídica nas questões presentes, deixando-se um vácuo jurídico entre a edição de uma norma e sua correta interpretação, que se dá, no último grau pelo Estado-juiz.

O próprio texto constitucional faz referência ao princípio da celeridade como garantia da tramitação dos processos judiciais.

Estão nitidamente interligados os dois valores fundamentais: celeridade e duração razoável do processo. Ambos a tentar romper com os obstáculos da morosidade judicial.

Claro que a morosidade da Justiça decorre de vários fatores, como o aumento dos litígios, quer pela assunção por parte do Estado do monopólio da pacificação dos conflitos sociais, quer pela endêmica falta de estrutura do poder judiciário, com escassez de magistrados e servidores, quer pelo número excessivo de recursos previstos na legislação processual, a existência de diversas instâncias recursais, dentre outros obstáculos como a eficiência das normas jurídicas capazes de atribuir celeridade às demandas judiciais.

O que importa é que o princípio traz um comando (dever-ser) tanto ao legislador como ao juiz. O legislador deve aprimorar o sistema legal processual, tendo sempre em conta que toda regra processual deve contemplar que o processo não demore mais que o tempo necessário, razoável (eficácia normativa do princípio no plano da gênese das regras processuais).

A respeito desse comando decorrente do princípio em estudo, Mauro Schiavi[(5)] ensina que "não se trata de regra apenas programática, mas sim de um princípio fundamental que deve nortear toda a atividade jurisdicional, seja na interpretação da legislação, seja para o próprio legislador ao editar normas".

Quanto ao juiz, cabem duas observações, o princípio irradia um comando ao juiz da causa que deve eliminar trâmites inúteis do processo tendo em vista o caso concreto (arts. 765 da CLT e 130 do CPC, por exemplo), e

(5) SCHIAVI, Mauro. *Manual de direito processual do trabalho*. 3. ed. São Paulo: LTr. 2011. p. 85.

irradia um outro comando, este ao juiz como instituição, ao poder judiciário, que deve fornecer os meios adequados para que a atuação judicial seja o quanto possível mais célere, alcançando a finalidade da razoável duração do processo.

Conclui-se, por conseguinte, que a visão atual do princípio da razoável duração do processo está, atualmente, vinculada ao valor social de que o Estado, legislador e Juiz, devem agir com rapidez, com celeridade.

IV. O PROCESSO ELETRÔNICO

Obedecendo ao comando do princípio da razoável duração do processo o legislador optou por aplicar a tecnologia da informação ao processo judicial.

Afinal, a informática tem como sua principal finalidade a otimização de rotinas e, o processo judicial, é em essência uma rotina lógica que inicia com um pedido feito ao Estado-juiz, e termina após um caminhar cujos passos são pré-estabelecidos, na satisfação do direito e consequente pacificação do conflito.

A rotina processual é toda prevista. O fluxograma do processo judicial é um algoritmo, elemento imprescindível da tecnologia da informação.

Algoritmo é uma sequência procedimental necessária para a resolução de uma determinada tarefa. Assim, trata-se de um algoritmo a padronização que é levada a efeito para o cumprimento de uma tarefa. Utiliza-se de algoritmos de forma imperceptível, várias vezes ao dia, como por exemplo, para sair de casa com seu automóvel: busca-se a chave do veículo, aciona-se o botão que destrava a porta e o alarme, abre-se a porta, entra-se no veículo, insere-se a chave, fecha-se a porta, coloca-se o cinto de segurança, vira-se a chave para acionar o motor, etc.

No processo judicial ocorre a mesma sistematização, ou seja, todo o fluxo processual pode ser codificado por meio de algoritmos, com as variáveis inerentes a um processo judicial legalmente estabelecido.

Portanto, há nítida afinidade entre as ciências da tecnologia da informação e a jurídica, no aspecto procedimental.

E assim sendo, como dito, o legislador editou a Lei n. 11.419/06, que dispõe sobre a informatização do processo judicial.

A referida lei, cria o Processo Eletrônico (Capítulo III desta).

Pouco se fez desde a edição da citada norma, porém, após estudos por parte do Conselho Nacional de Justiça, instituiu-se o que se convencionou chamar de processo judicial eletrônico. Sistema único de tramitação de processos em todas as esferas do poder judiciário, centralizado quanto a sua criação e evolução nos órgãos de cúpula administrativa das Justiças brasileiras (CSJF, CSJT, CNJ).

A despeito do nome processo judicial eletrônico, não se trata de um novo processo propriamente dito, no plano da relação jurídica.

O uso do termo 'judicial' é um reforço de linguagem, somente, vez que não se diz processo judicial do trabalho, mas apenas processo do trabalho.

Com esse sistema informatizado, que não é processo, mas tem força suficiente para impulsionar avanços procedimentais consideráveis, inaugurou-se uma nova acepção, uma nova visão do princípio da razoável duração do processo judicial.

V. Os efeitos do processo eletrônico. Atingimento dos objetivos principiológicos

Com o uso do sistema informatizado, a influência das características da ciência da computação no processo judicial é inegável. A ciência da informática tem como princípios a constante evolução, a *automaticidade*, a economia de recursos, a imediatidade, dentre outros elementos que induzem, harmonizam e dão coesão ao agir e pensar dos operadores de tal tecnologia.

O processo judicial passa a sofrer os (bons e maus) reflexos desses princípios.

A duração razoável do processo judicial, sob a ótica da celeridade passa a ganhar um aliado importante. Os procedimentos legais, regidos por normas estanques e, via de regra, "velhas" quanto a sua criação, passam a sofrer um oncilosamento.

Assim, rotinas antes exigidas pela norma legal, e ainda formalmente vigentes, impunham o dispêndio de tempo, energia e material para suas realizações. Essas rotinas simplesmente deixaram de existir com o uso do processo eletrônico.

A extinção de rotinas, ainda que procedimentais, que demandavam sua execução num determinado lapso de tempo, trouxe efeito imediato no que tange à razoabilidade na duração do processo.

Tarefas como a de autuação dos autos do processo, sua numeração, formação de volumes de documentos, aposição de carimbos e certidões de encerramento de volumes simplesmente deixaram de existir.

A automaticidade vinda da informatização suprimiu tarefas realizadas por servidores da Justiça, tarefas essas mecânicas, repetitivas e exaustivas. O processo eletrônico aboliu tais tarefas, liberando mão de obra, energia e material.

São muitos os exemplos de rotinas que foram suprimidas, embora formalmente válidas as regras que as discriminam:

> Código de Processo Civil
>
> Seção I — Do Serventuário e do Oficial de Justiça
>
> Art. 141. Incumbe ao escrivão:
>
> [...]
>
> IV — ter, sob sua guarda e responsabilidade, os autos, não permitindo que saiam de cartório, exceto:
>
> a) quando tenham de subir à conclusão do juiz;
>
> b) com vista aos procuradores, ao Ministério Público ou à Fazenda Pública;
>
> c) quando devam ser remetidos ao contador ou ao partidor;
>
> d) quando, modificando-se a competência, forem transferidos a outro juízo;
>
> Seção IV — Dos Atos do Escrivão ou do Chefe de Secretaria
>
> Art. 166. Ao receber a petição inicial de qualquer processo, o escrivão a autuará, mencionando o juízo, a natureza do feito, o número de seu registro, os nomes das partes e a data do seu início; e procederá do mesmo modo quanto aos volumes que se forem formando.
>
> Art. 167. O escrivão numerará e rubricará todas as folhas dos autos, procedendo da mesma forma quanto aos suplementares.
>
> Parágrafo único. Às partes, aos advogados, aos órgãos do Ministério Público, aos peritos e às testemunhas é facultado rubricar as folhas correspondentes aos atos em que intervieram.

Art. 168. Os termos de juntada, vista, conclusão e outros semelhantes constarão de notas datadas e rubricadas pelo escrivão.

Art. 169. Os atos e termos do processo serão datilografados ou escritos com tinta escura e indelével, assinando-os as pessoas que neles intervieram. Quando estas não puderem ou não quiserem firmá-los, o escrivão certificará, nos autos, a ocorrência.

Seção II — Da Verificação dos Prazos e das Penalidades

Art. 195. O advogado deve restituir os autos no prazo legal. Não o fazendo, mandará o juiz, de ofício, riscar o que neles houver escrito e desentranhar as alegações e documentos que apresentar.

Art. 196. É lícito a qualquer interessado cobrar os autos ao advogado que exceder o prazo legal. Se, intimado, não os devolver dentro em 24 (vinte e quatro) horas, perderá o direito à vista fora de cartório e incorrerá em multa, correspondente à metade do salário mínimo vigente na sede do juízo.

Outros inúmeros exemplos poderiam ser trazidos, mas bastam estes para se verificar que, embora não haja regulação específica de atos procedimentais, o processo eletrônico tornou letra morta diversas disposições legais formalmente vigentes, no âmbito dos feitos que tramitam por meio eletrônico.

Isso sem mencionar que, em regra, não há mais prazos sucessivos, pois o processo está disponível o tempo todo a todos os envolvidos.

Tudo isso para demonstrar que houve um enxugamento das rotinas, uma diminuição considerável da obrigatoriedade de prática de atos e a considerável diminuição do tempo de tramitação em atividades cujos efeitos não transbordam para o bem de vida pretendido. Em outras palavras, muito tempo e energia eram despendidos em atividades que eram úteis unicamente ao próprio processo. Atos que somente serviam para guarnecer o processo, dar-lhe concretude material e impulsioná-lo.

Esta sensível alteração repercutiu intensamente na razoável duração do processo.

As rotinas automatizadas como a distribuição automática de petições iniciais, juntada de petições diretamente pelos advogados, ciência automática da intimação pelo sistema, acesso imediato às decisões judiciais assim que disponibilizadas, trouxeram um acréscimo de celeridade aos feitos eletrônicos.

Mas o mais importante não é a sensação de celeridade e sim a percepção do que seja considerado razoável para efeito de duração do processo.

VI. O PROCESSO DEVE DURAR O TEMPO RAZOÁVEL PARA A PRÁTICA DE ATOS RELEVANTES PARA A REALIZAÇÃO DO DIREITO MATERIAL

A supressão de rotinas voltadas unicamente para o processo, a automatização de rotinas com a economia de tempo e energia humana, e o acesso remoto e onipresente aos autos pelos interessados implicou na eliminação daquele tempo inócuo aos direitos das partes, em benefício da própria finalidade do processo judicial, que é servir de instrumento para a realização do direito material e solução de conflitos sociais.

Com tal eliminação de tempo gasto anteriormente em rotinas intoleráveis e desprovidas de finalidade útil às partes, o processo passa a ter uma duração razoável, vista a sua existência formal por si só.

Com efeito, o processo somente demorará o tempo necessário para a prática de atos importantes para a elucidação da causa.

E esse elemento novo implica não apenas na percepção da maior celeridade no trâmite processual, esta atingida com a confluência de outros elementos, como já dito, de estrutura humana do poder judiciário e de qualidade das normas processuais. Mas, sem dúvida, a supressão de rotinas meramente endógenas ao processo é capaz de impor uma maior determinação ao conceito de razoabilidade na duração do processo.

As normas de processo eletrônico são permeadas do valor trazido pelo princípio da razoável duração do processo, em nítida aplicação infraconstitucional da norma principiológica fixada na Constituição, conforme ensinamentos de Ada Pellegrini Grinover[(6)] ao comentar sobre o comando da norma constitucional e seus efeitos nas leis processuais:

> Esses meios devem ser inquestionavelmente oferecidos pelas leis processuais, de modo que a reforma infraconstitucional fica umbilicalmente ligada à constitucional, derivando de ordem expressa da Emenda n. 45/04. Trata-se, portanto, de fazer com que a legislação processual ofereça soluções hábeis à desburocratização e simplificação do processo, para garantia da celeridade de sua tramitação.

(6) GRINOVER, Ada Pellegrini. A necessária reforma infraconstitucional. *In: Reforma do Judiciário.* São Paulo: Método, 2005. p. 501.

Com o processo eletrônico, o processo tem, em seu aspecto interior, uma razoável duração.

O tempo despendido no trâmite processual é gasto de forma equilibrada, necessária ao respeito do devido processo legal e, por consequência, da garantia do contraditório e ampla defesa.

Eis o atendimento da força normativa do princípio da razoável duração do processo.

VII. *Uma visão futura. Razoável duração como garantia de qualidade jurisdicional*

A percepção de que a razoável duração do processo, como hoje vista, ou seja, o processo judicial não moroso, célere o suficiente para atender o quanto antes aos anseios sociais de pacificação de conflitos, teve seus objetivos em parte atingidos pelo advento do processo eletrônico e é uma assertiva aceita pela maioria dos operadores do direito.

O sentido de que o processo deve ser célere e ter uma duração razoável, observando-se o equilíbrio entre a necessidade de rapidez das decisões judiciais e o respeito ao devido processo legal, especialmente quanto à garantia do contraditório e de ampla defesa, está sedimentado. Com o processo judicial eletrônico fica ainda mais evidenciada a força normativa do princípio e seu atendimento em grande parte.

O sentido que se pretende imprimir ao princípio em estudo, agora, é o inverso.

O processo deve ser célere, porém, nem tanto a ponto de não ter uma duração razoável, uma duração que permita a maturação das decisões, o aprimoramento dos estudos dos casos e da consequente elevação da qualidade das decisões judiciais.

José Joaquim Gomes Canotilho[7] ensina que

> A proteção jurídica através dos tribunais implica na garantia de uma protecção eficaz e temporalmente adequadas. [...] Além disso, ao demandante de uma proteção jurídica deve ser reconhecida

(7) CANOTILHO, J. J. Gomes. *Direito constitucional e teoria da constituição*. 3. ed. Coimbra: Almedina, 1988. p. 466-467.

> a possibilidade de, em tempo útil (adequação temporal, justiça temporalmente adequada) obter uma sentença executória com força de caso julgado — a justiça tardia equivale a uma denegação de justiça. Note-se que a exigência de um processo sem ilações indevidas, ou seja, de uma proteção judicial em tempo adequado, não significa necessariamente justiça acelerada. A aceleração da proteção jurídica que se traduza em diminuição de garantia processuais e materiais (prazos de recursos, supressão de instâncias) pode conduzir a uma justiça pronta, mas materialmente injusta.

A automatização de tarefas, a supressão de procedimentos rotineiros não pode, de outro lado, servir de suporte para abrandar os rigores que o devido processo legal, especialmente o contraditório e a ampla defesa exigem. Assim, não se pode, a pretexto da informatização do processo poder imprimir-lhe maior celeridade, abandonar-se ou mitigar-se certas garantias fundamentais aos direitos em jogo em cada processo judicial.

A ideia de conferir ao princípio da razoável duração do processo o sentido de garantia fundamental é manifestada, sem o enfoque aos avanços do processo eletrônico por Manoel Antonio Teixeira Filho[(8)], que afirma que

> Parece-nos, pois, que a melhor conclusão a extrair-se do preceito constitucional em foco é a de que conduza a um equilíbrio entre as duas expressões (celeridade e razoabilidade, acrescento) de tal arte que uma não sacrifique a outra. Assim dizemos porque se é verdade que um dos grandes anseios institucionais reside na tramitação dos processos judiciais, não menos correto é asseverar que essa celeridade autorizaria o espezinhamento de determinadas garantias processuais que a Constituição da República assegura aos litigantes, como as do contraditório, da ampla defesa e do devido processo legal. Logo, pode-se entender como 'duração razoável' da tramitação processual aquela que sem desprezar o anseio de celeridade na entrega da prestação jurisdicional, permita às partes exercer os direitos processuais que a Constituição da República lhes outorga.

Com efeito, não pode a atividade intelectual do magistrado ser automatizada, com o estabelecimento de algoritmos para a solução de casos. Cada caso, não obstante sua repetição e igualdade de fundamentos, deve

(8) TEIXEIRA FILHO, Manoel Antonio. *Curso de direito processual do trabalho*. 11. ed. São Paulo: LTr, 2009. v. 1, p. 56-57.

ser tratado como o caso de uma pessoa humana que está a postular o reconhecimento de seus direitos ao Estado-juiz e esta pessoa não pode ser refém de um sistema parametrizado, automatizado e impessoal, como são os sistemas informatizados.

O que se deve ter em mente é que, se atualmente o sistema de processamento eletrônico está em seu início de implantação, a evolução inerente a todos os meios informatizados o levará a um aperfeiçoamento tal que, dentro de poucos anos, essa repudiável automatização poderá ser instalada, em detrimento ao senso humano de Direito, aos critérios de Justiça, a uma Justiça justa.

Do conceito de um processo que leve a justiça das decisões no que toca ao direito subjetivo, extrai-se a moderna compreensão de que o processo legal deve ser justo, equilibrado, razoável e eficaz.

Pedro Lenza[9], citando Olavo Ferreira ensina que

> Do devido processo legal substancial ou material são extraídos os princípios da razoabilidade e da proporcionalidade. A razoabilidade e proporcionalidade das leis e atos do Poder Público são inafastáveis, considerando-se que o Direito tem conteúdo justo.

O processo legal não é autômato, mas deve buscar a justiça. O justo processo da lei. O devido processo legal substancial.

Daniel Sarmento[10] ensina que

> Na verdade, os princípios possuem *fattispecie*, razão pela qual não permitem subsunções. Por isso, não podem ser aplicados mecanicamente, exigindo um esforço interpretativo maior de seu aplicador. Como afirmou Sagrebelsky, se o ordenamento não contivesse princípios e fosse todo composto por regras, seria vantajoso substituir todos os juízes por computadores, diante do automatismo do processo de aplicação do direito.

Por isso, é relevante a conceituação da razoável duração do processo como princípio jurídico fundamental, que permite a ligação e harmonização do processo ao sentido e aos valores que ele exprime, conforme a evolução da sociedade e do mundo jurídico.

---

(9) LENZA, Pedro. *Direito constitucional esquematizado*. 11. ed. São Paulo: Método, 2013. p. 739-740.

(10) SARMENTO, Daniel. *Direitos fundamentais e relações privadas*. 2. ed. Rio de Janeiro: Lumem Juris, 2004. p. 82-83.

VIII. Conclusão

A razoável duração do processo é um princípio que expressa uma garantia fundamental. Embora traga conceitos indeterminados, sua força normativa gera efeitos nas normas jurídicas, tanto na sua criação como no cumprimento das regras processuais e na orientação de planejamento e estruturação dos órgãos do poder judiciário.

A visão atual do princípio da razoável duração do processo está no anseio de obter-se uma tutela jurisdicional célere, devido à morosidade da Justiça. A celeridade é um elemento para a razoável duração do processo.

O processo eletrônico adaptou regras procedimentais do processo judicial de modo a tornar ineficazes normas que não se aplicam à informatização, eliminando rotinas mecânicas, repetitivas e cuja finalidade é servir tão somente ao próprio processo, não irradiando qualquer benefício ou efeito para a obtenção da tutela jurisdicional.

O processo judicial é um instrumento e a informática é um facilitador poderoso deste instrumental.

A razoável duração do processo judicial produz efeitos normativos com a chegada do processo eletrônico, restringindo a prática de atos processuais úteis à finalidade instrumental do processo.

A atual visão do princípio da razoável duração do processo deve evoluir para imprimir-lhe características axiológicas e de garantia do atendimento ao princípio do justo processo da lei, respeitando-se o contraditório e ampla defesa e garantindo que, num futuro breve, as decisões judiciais não sejam fruto de algoritmos de informática, dando a solução para as hipóteses pré-determinadas, porque o processo judicial é um mero instrumento e não pode elevar-se a tratar os direitos de modo automático, impessoal, frio e sistematizado.

O ato de julgar é privativo do magistrado, pessoa humana detentora de sentidos e sentimentos, pertencente à sociedade e capaz de decidir de forma legal e justa simultaneamente. Estes sentidos não poderão jamais serem substituídos por um sistema informatizado em prol do atendimento de princípios como o da celeridade, sem que haja a ponderação imposta pela leitura ora que se propõe da razoável duração do processo.

As decisões judiciais devem ser maturadas, pensadas, estudadas. A perda da qualidade das decisões judiciais com a informatização desenfreada pode causar prejuízos incalculáveis à sociedade num Estado de Direito.

O processo judicial eletrônico trouxe e trará com sua evolução um novo patamar de qualidade na prestação jurisdicional, porém, sem suprimir a necessidade da estruturação do Poder Judiciário com qualidade, aprimoramento das regras processuais e, principalmente, garantir-se a independência dos juízes, sem qualquer submissão do direito subjetivo a seu instrumento concretizador, quer seja o processo judicial por si só, quer seja a tecnologia da informação aplicada como suporte ao processo judicial, esta última com muito mais razão.

Que prevaleçam, sempre, o Direito e as garantias fundamentais.

IX. Referências

ACIOLY, José Aldemy da Silva. *Crise do processo:* uma visão crítica. Disponível em: <http://trt19.jus.br/doutrina/003.htm>. Acesso em: 3.5.2014.

ALEXY, Robert. *Teoría de los derechos fundamentales.* Madrid: Centro de Estúdios Políticos y Constitucionales, 2002.

BRASIL. *Constituição Federal de 1988.* Promulgada em 5 de outubro de 1988. Disponível em: <http://www.planalto.gov.br/ccivil_03/constituicao/constituição.htm>. Acesso em: 5.2.2014.

______. *Decreto-lei n. 678/92, de 6 de novembro de 1992.* Promulga a Convenção Americana sobre Direitos Humanos (Pacto de São José da Costa Rica), de 22 de novembro de 1969.

______. *Lei n. 11.419, de 19 de dezembro de 2006.* Dispõe sobre a informatização do processo judicial; altera a Lei n. 5.869, de 11 de janeiro de 1973 — Código de Processo Civil; e dá outras providências.

______. *Lei n. 5.869, de 11 de janeiro de 1973* — Código de Processo Civil.

CANOTILHO, J. J. Gomes. *Direito constitucional e teoria da constituição.* 3. ed. Coimbra: Almedina, 1988.

DINAMARCO, Cândido Rangel. *Fundamentos do processo civil moderno.* 6. ed. São Paulo: Malheiros, 2002.

GRINOVER, Ada Pellegrini. A necessária reforma infraconstitucional. *In: Reforma do Judiciário.* São Paulo: Método, 2005.

LENZA, Pedro. *Direito constitucional esquematizado.* 11. ed. São Paulo: Método, 2013.

MÉXICO. *Constituição Mexicana de 1917*. Disponível em: <www.juridicas.unam.mx>. Acesso em: 15.2.2014.

REALE, Giovanni. *Aristóteles. Metafísica, sumários e comentários*. São Paulo: Loyola, 2002.

SARMENTO, Daniel. *Direitos fundamentais e relações privadas*. 2. ed. Rio de Janeiro: Lumem Juris, 2004.

SCHIAVI, Mauro. *Manual de direito processual do trabalho*. 3. ed. São Paulo: LTr, 2011.

TEIXEIRA FILHO, Manoel Antonio. *Curso de direito processual do trabalho*. São Paulo: LTr, 2010.

A Videoconferência e o Direito de Defesa

Luiz Flávio Borges D'Urso(*)

É fundamental modernizar o Judiciário, incorporar os avanços tecnológicos, reduzir custos e fazer a Justiça andar com mais agilidade no interesse do jurisdicionado. No entanto, esse avanço não pode suprimir quaisquer direitos ou ir além dos limites da legalidade. Dessa forma, vemos como uma restrição ao direito de defesa o uso da videoconferência para realização do interrogatório do réu preso.

Certamente, é prioritário economizar recursos públicos gastos com a escolta de presos e assegurar a ordem pública, eliminando risco de fugas quando do transporte de presos ao fórum. A solução, contudo, é muito mais simples do que se imagina. Sem gastos com aparelhagens para videoconferência, que precisariam ser instaladas em todo o país, ou de escoltas policiais, a audiência poderia ocorrer de forma presencial com o deslocamento do juiz ao presídio. Isso nos parece o ideal.

(*) Advogado criminalista. Mestre e Doutor em direito penal pela USP, foi Presidente da OAB/SP por três mandatos (2004/2012), é Conselheiro federal da OAB, presidente da Associação Brasileira dos Advogados Criminalistas — ABRACRIM, presidente do "Lide Justiça" e Diretor de Relações Institucionais da OAB/SP.

A audiência ocorreria na administração da unidade prisional, e o juiz, na presença do advogado e do promotor, em total segurança, colheria os depoimentos. Pelo sistema de videoconferência, a comunicação do acusado com seu advogado durante o ato processual dependerá de linha telefônica e da segurança desse canal de comunicação, o que dificulta o exercício pleno da defesa.

Legalmente, o juiz já tem o dever de fiscalizar as condições dos presídios e muitos já procedem assim, de maneira que a sua presença na unidade prisional para realizar audiências aceleraria o andamento dos processos, sem onerar o erário público. Esse dever de fiscalização das cadeias também compete ao Ministério Público, que, ao comparecer na audiência realizada no presídio, exerceria regularmente tal fiscalização.

A videoconferência, como prevista pela Lei n. 11.900/09, limita o direito de defesa do preso porque impede que ele se coloque pessoalmente diante de seu julgador, sendo que o contato pessoal é fundamental para a formação do convencimento do magistrado, incidindo até mesmo sobre um pedido de liberdade provisória. Diante de uma câmera, dentro de uma unidade prisional, o acusado pode se sentir intimidado pelo aparato tecnológico ou sofrer coação ou maus tratos e fazer um depoimento que prejudique sua defesa.

O interrogatório é um momento importantíssimo para a defesa no processo penal, pois estabelece a única oportunidade de o acusado falar de viva voz ao juiz da causa. Um magistrado, ao interrogar um preso, não está apenas captando suas respostas verbais, mas analisando toda a sua linguagem corporal e suas reações para formar sua convicção naquele momento processual. O réu pode até silenciar, mas esse momento é muito importante porque é o único no qual ele fala ao juiz. Em nenhum outro momento lhe será conferida a palavra.

O próprio Supremo Tribunal Federal já se posicionou sobre o fato de que o direito de autodefesa é exercido durante o interrogatório presencial do acusado. Por ser a lei igual para todos, não podemos admitir qualquer tipo de exceção dentro do Estado Democrático de Direito. O acusado, independente do crime de que venha a ser acusado, detém direitos constitucionais da ampla defesa e do contraditório, que precisam ser observados e garantidos.

Assim, todo avanço tecnológico que possa ser utilizado no aparato da justiça é bem-vindo, todavia, desde que esse avanço não viole a condição humana do acusado ou seus direitos fundamentais, sob pena de, na ânsia de se modernizar a justiça, cometer-se injustiça.

Prerrogativas dos Advogados na Era Digital

LUIZ FLÁVIO BORGES D'URSO(*)

As prerrogativas profissionais dos advogados constituem uma proteção legal ao exercício de sua função, que tem por finalidade proteger o cidadão. É fundamental que esse debate com a sociedade ocorra, porque ainda há muita confusão sobre a quem efetivamente estas prerrogativas beneficiam.

Elas são um conjunto de regras, asseguradas em lei, que garantem aos advogados exercerem seu múnus público com total independência, no sentido de propiciar aos cidadãos o direito à ampla defesa e ao contraditório. Certamente, as prerrogativas profissionais dos advogados não são privilégios, sendo mais que direitos, pois revelam-se como deveres, portanto indisponíveis, a serem observados por todos.

Nós, advogados, temos obrigação de defender de forma intransigente nossas prerrogativas profissionais, pois sem elas não poderemos fazer valer os direitos de ampla defesa e do contraditório do cidadão. É fundamental para concretizar essa luta a aprovação do nosso projeto que criminaliza a

(*) Advogado criminalista. Mestre e Doutor em direito penal pela USP, foi Presidente da OAB/SP por três mandatos (2004/2012), é Conselheiro federal da OAB, presidente da Associação Brasileira dos Advogados Criminalistas — ABRACRIM, presidente do "Lide Justiça" e Diretor de Relações Institucionais da OAB/SP.

violação das prerrogativas dos advogados, em tramitação no Congresso Nacional.

Agora, nos deparamos com uma mudança fundamental no processo judicial: a tecnologia, que chegou para alterar todos os parâmetros conhecidos e transformar nossas vidas em todos os aspectos. Nos dias de hoje, a velocidade da informação que recebemos é imensa, fazendo com que a quantidade dessa informação inunde o nosso dia a dia por meio de telefones celulares e computadores. Apenas quantidade e volume, pois a qualidade ainda deixa a desejar.

Esses avanços devem servir ao homem para dar-lhe melhores condições de vida, mas não podemos deixar que sejamos massificados em vez de aproveitar a tecnologia para buscar o bem social. Sem dúvida, o avanço tecnológico é bom, trouxe facilidades para a nossa rotina, mas é necessário saber utilizá-lo corretamente, sem que a tecnologia seja um impedimento ao exercício profissional ou que traga transtornos para os usuários, uma vez que ela está impactando todas as relações humanas.

Com esta digitalização, as relações entre advogados e o Poder Judiciário (e com o próprio cliente) se modificaram. Atualmente, é muito mais fácil acompanhar o andamento processual, por exemplo. Com o processamento eletrônico, mais de 90% das rotinas foram removidas do processo, tais como furar o papel, colocar capa no processo, levar documentos de um lado para outro. Tudo passou a ser feito eletronicamente. Outra vantagem apontada é que, com a implantação dessa tecnologia, acabou a preocupação do advogado em não poder ter vista dos autos porque o processo se encontrava concluso ou em alguma área do cartório que ele não tivesse acesso.

Por meio do processo judicial eletrônico economizamos tempo e recursos, não há necessidade de imprimir os documentos e não precisamos mais nos deslocar até o fórum. Com o ambiente eletrônico, podemos fazer isso do escritório. É um grande avanço para a advocacia, sem dúvida, mas é também um avanço para a cidadania, pois essa economia repercute também no rompimento dessa transferência de custos para o jurisdicionado.

Não podemos deixar de utilizar as novas tecnologias. Mas não podemos esquecer que algumas providências precisam ser realizadas nos moldes tradicionais previstos em lei. Não dá para realizar interrogatórios e reconhecimentos por videoconferência, por exemplo. E precisamos garantir que nossas prerrogativas profissionais sejam respeitadas também nessa nova era digital, porque só assim o advogado pode trabalhar com liberdade e segurança para desempenhar seu fundamental papel na defesa da sociedade, protegendo o cidadão.

A CAASP na Sociedade da Informação

Fábio Romeu Canton Filho(*)

I. O nascimento da CAASP

Para inserirmos a Caixa de Assistência dos Advogados de São Paulo (CAASP) na sociedade da informação, faz-se necessário, primeiramente, contar sua história. Atualmente consagrada como braço assistencial da Seção de São Paulo da Ordem dos Advogados do Brasil (OAB), a CAASP nasceu em 1936, quando um bacharel em Direito, sem familiares ou amigos, foi encontrado doente, dormindo sobre jornais em uma casa na Vila Mariana, em São Paulo. Do socorro àquela pessoa surgiu a ideia de se criar um organismo, vinculado à OAB-SP, destinado a amparar os advogados em situação de penúria. Era o embrião da Caixa de Assistência dos Advogados de São Paulo.

Desde então, a evolução da CAASP tem sido ininterrupta. Conservando a finalidade estatutária de prestar assistência aos advogados carentes e aos seus familiares, a entidade concede, hoje em dia, auxílio pecuniário a cerca de 3 mil indivíduos impossibilitados de exercer a advocacia devido a problemas de saúde.

(*) Presidente da Caixa de Assistência dos Advogados de São Paulo (CAASP).

Importante observarmos que 20% da anuidade que o advogado paga à OAB-SP é que ampara esses colegas e permite que a CAASP vá muito além da ajuda financeira, como veremos a seguir. Ao longo de quase oito décadas, a Caixa de Assistência ampliou e diversificou de tal maneira os serviços e benefícios que oferece à advocacia, que se tornou a maior instituição assistencial classista do Brasil.

II. A CAASP atualmente: diversificação e amplitude

Por intermédio da CAASP, nos dias de hoje, os advogados podem contratar planos de saúde, na modalidade coletivo por adesão, nas melhores operadoras do país. As condições são vantajosas em relação aos planos individuais disponíveis no mercado e, pela Caixa de Assistência, há mais de 90 (noventa) mil vidas seguradas.

Sempre uma prioridade de gestão, a saúde dos advogados é contemplada com sete Campanhas anuais de cunho preventivo, algumas gratuitas, outras com a maior parcela dos custos subsidiada pela Caixa de Assistência. Ao longo do ano, em todo o Estado de São Paulo, realizam-se a campanha de vacinação contra a gripe, campanha de colesterol, glicemia e hipertensão, campanha da boa visão (contra glaucoma e catarata), campanha contra a hepatite C, campanha pró-vida (contra doenças do coração), campanha de saúde bucal e a campanha de saúde da mulher advogada. Em 2013, nada menos que 64,5 mil atendimentos foram prestados no âmbito dessas atividades preventivas, totalizando 138,8 mil procedimentos médicos.

A preocupação com a saúde dos advogados também é demonstrada na política de preços que a CAASP pratica em suas 37 farmácias. Todos os medicamentos são comercializados a preço de custo, mas as incessantes negociações com laboratórios farmacêuticos e distribuidores possibilitam promoções como a que tivemos em 2013, quando 1.600 apresentações de medicamentos genéricos foram vendidas com descontos de até 80%.

Ciente de que nada é mais valioso para o exercício da advocacia do que o livro de Direito, imprescindível ferramenta de formação profissional e de trabalho, a CAASP mantém 37 livrarias, distribuídas por todo o Estado, em que mais de 60 (sessenta) mil títulos jurídicos são vendidos com preços, em média, 25% menores que os do mercado. As livrarias da Caixa de Assistência também dispõem de obras da literatura em geral e livros infantis e didáticos. Em promoções especiais, como a realizada em agosto, Mês do Advogado, o abatimento chega a 50%. Os números de 2013 são promissores: mais de

270 mil livros foram vendidos nas livrarias da Caixa. Somados, os descontos alcançaram R$ 9,7 milhões.

III. Parcerias e a sociedade da informação

Para inserir a Caixa de Assistência dos Advogados de São Paulo na sociedade da informação, é preciso mencionar o Clube de Serviços, organismo interno à entidade responsável pela formalização de parcerias, as quais, atualmente, são mais de 2 (dois) mil. O Clube de Serviços abrange desde hotéis, restaurantes e lojas de roupas até *megastores* virtuais, concessionárias de veículos, escolas de idiomas e universidades.

A atuação da CAASP na sociedade da informação começa pela facilitação ao advogado, para que ele adquira equipamentos de informática. Por meio do Clube de Serviços, os colegas podem comprar, com desconto e condições especiais de pagamento, máquinas da Dell, da Sony, da Positivo, da Semp Toshiba. A parceria com a Dell, para demonstrar a dimensão desse tipo de iniciativa, resultou na aquisição de mais de 20 (vinte) mil computadores, consolidando-se como importante aliada da advocacia neste momento em que se implanta o processo eletrônico nas instâncias judiciais.

O mundo digital também alcançou as farmácias e livrarias da CAASP. Na loja virtual CAASP Shop (http://www.caaspshop.com.br) os advogados podem adquirir qualquer título das livrarias, pelos mesmos preços e condições de pagamentos praticados nos endereços físicos. Também podem encomendar artigos de perfumaria e medicamentos, exceto aqueles que necessitem de receita médica.

Em setembro de 2011, a Caixa de Assistência concretizou um de seus projetos mais ousados no campo da comunicação, confirmando sua preocupação com a sociedade da informação em seu conceito mais precioso: fornecer matérias de qualidade para leitura, sejam reportagens, entrevistas ou artigos. Assim, a *Revista da CAASP*, bimestral, digital, folheável na tela do computador e disponível gratuitamente em aplicativos para *tablets* e smartphones, vem ganhando leitores fiéis a cada edição.

Por meio da informação qualificada e da comunicação abrangente, a CAASP procura chegar ao advogado, e é assim que pretende trazê-lo para seu seio institucional. A divulgação dos serviços da Caixa de Assistência é feita pelo *Jornal do Advogado*, pelo *site* http://www.caasp.org.br, pela página dedicada exclusivamente aos eventos esportivos da advocacia (http://www.

caasp.org.br/Esporte), pela newsletter eletrônica semanal *CAASP Informa* e pelo programa TV Cidadania.

Ciente de que nenhuma instituição mantém-se em atividade se não estiver sintonizada com os avanços da informática, marca do século XXI, a CAASP tem investido em tecnologia. Em breve, será lançada uma ferramenta que permitirá aos advogados comprarem livros e medicamentos pelo smartphone, além de outras inovações que serão anunciadas oportunamente.

IV. Conclusão

Os relatos anteriores demonstram que a CAASP, sempre ao lado da OAB-SP, enxerga os advogados como integrantes da sociedade da informação de modo irreversível. O conceito de sociedade de informação faz-se presente, às vezes de modo imperceptível, em todas as esferas de atuação profissional e mesmo da nossa vida pessoal.

As sociedades e as instituições que anseiam por prosperidade não podem abrir mão das tecnologias da informação e da comunicação abrangente. Mas não podemos esquecer de que as ferramentas concebidas para encurtar caminhos constituem meios facilitadores da vida, não uma finalidade em si. Somos seres humanos e, como advogados, humanistas. Precisamos usar toda a tecnologia disponível a nosso favor, em prol do nosso bem-estar. Assim, conclui-se que a precipitação com que se implanta o processo eletrônico no Judiciário paulista é contraproducente.

A tecnologia precisa ter limites, porque seres humanos não podem abdicar de sua vontade própria. Não podemos nos tornar reféns a lidar com a profissão e com o mundo de dentro de um casulo tecnológico — e esse é perigo de se cobrar do advogado um domínio de tecnicalidades virtuais até então alheias ao seu cotidiano.

O processo digital é bem-vindo e inevitável, mas sua extrema urgência é, no mínimo, questionável. Há inúmeros pontos de interrogação a aguardar respostas.

A sociedade da informação nasce de um movimento natural, como consequência de avanços ininterruptos e de um aculturamento que, passo a passo, vem tornando-se maciço. Não se constrói uma sociedade tecnologicamente avançada à base de "canetadas".

Lei n. 12.737/12, Desafios Jurídicos e seus Reflexos na Segurança da Informação

José Antonio Milagre(*)

I. Introdução

Em 30 de novembro de 2012 foi publicada a Lei n. 12.737/12, também conhecida por "Lei Carolina Dieckman", uma legislação que altera o Código Penal de 1940 (Decreto-Lei n. 2.848) para tipificar alguns delitos informáticos.

A legislação — pouco discutida no Congresso Nacional enquanto projeto de lei — foi promulgada posteriormente ao célebre caso envolvendo a atriz global que deu nome à lei, após o suposto vazamento de suas fotos íntimas, com o intuito de fazer frente ao "vertiginoso" crescimento dos crimes cibernéticos.

(*) Advogado, perito forense em informática e telecomunicações. Vice-presidente da Comissão Estadual de Informática Jurídica da OAB/SP, coordenador da Comissão de Direito Digital da OAB/SP 21ª Subseção, mestrando em Ciência da Informação pela UNESP, pós-graduado em Gestão de Tecnologia da Informação, diretor do GU de Direito Digital da SUCESU/SP, professor da Escola Superior da Advocacia (ESA/SP), perito na Legaltech Brasil e árbitro fundador da CIAMTEC.br. *E-mail:* jose.milagre@legaltech.com.br. Twitter: @periciadigital.

No presente trabalho, abordaremos de forma básica os principais impactos da legislação na segurança da informação corporativa, especificamente no que tange ao delito de invasão de dispositivo informático, bem como os desafios interpretativos e técnicos que deverão ser enfrentados no futuro.

II. Invasão de dispositivo informático

A Lei n. 12.737/12 traz em sua essência o delito de invasão de dispositivo informático, no capítulo envolvendo os crimes contra a liberdade individual, especificamente na seção do Código Penal que trata dos crimes contra a inviolabilidade dos segredos.

Assim dispõe a legislação supracitada:

> Art. 154-A. Invadir dispositivo informático alheio, conectado ou não à rede de computadores, mediante violação indevida de mecanismo de segurança e com o fim de obter, adulterar ou destruir dados ou informações sem autorização expressa ou tácita do titular do dispositivo ou instalar vulnerabilidades para obter vantagem ilícita:
>
> Pena — detenção, de 3 (três) meses a 1 (um) ano, e multa.
>
> § 1º Na mesma pena incorre quem produz, oferece, distribui, vende ou difunde dispositivo ou programa de computador com o intuito de permitir a prática da conduta definida no *caput*.
>
> § 2º Aumenta-se a pena de um sexto a um terço se da invasão resulta prejuízo econômico.
>
> § 3º Se da invasão resultar a obtenção de conteúdo de comunicações eletrônicas privadas, segredos comerciais ou industriais, informações sigilosas, assim definidas em lei ou o controle remoto não autorizado do dispositivo invadido:
>
> Pena — reclusão, de 6 (seis) meses a 2 (dois) anos, e multa, se a conduta não constitui crime mais grave.
>
> § 4º Na hipótese do § 3º, aumenta-se a pena de um a dois terços se houver divulgação, comercialização ou transmissão a terceiro, a qualquer título, dos dados ou informações obtidos.
>
> § 5º Aumenta-se a pena de um terço à metade se o crime for praticado contra:
>
> I — Presidente da República, governadores e prefeitos;

II — Presidente do Supremo Tribunal Federal;

III — Presidente da Câmara dos Deputados, do Senado Federal, de Assembleia Legislativa de Estado, da Câmara Legislativa do Distrito Federal ou de Câmara Municipal; ou

IV — dirigente máximo da administração direta e indireta federal, estadual, municipal ou do Distrito Federal.

Percebe-se que a lei visa proteger a privacidade e a incolumidade de dados contra a ação de terceiros, cada vez mais comum nos dias atuais.

Invadir significa entrar a força, diga-se, mediante rompimento de alguma barreira tecnológica. A invasão precisa recair sobre um equipamento informático alheio para que seja considerada criminosa, conectado ou não à rede de computadores, podendo ser um pen drive, celular, *tablet*, disco rígido, GPS ou qualquer equipamento que armazene e processe informações.

Destaque-se que a invasão, por disposição do próprio *caput* do artigo, necessariamente precisa se dar mediante "violação de mecanismo de segurança". Mas o que seria um mecanismo de segurança?

Duas correntes jurídicas nascem a respeito. A primeira faz adesão à ideia de que mecanismo de segurança é qualquer barreira, física ou lógica, de alta eficácia ou não, instalada pelo titular do dispositivo informático ou já embutida neste, que impeça o acesso aos dados e informações de alguma maneira. Uma trava de leitura, uma senha, um antivírus, um firewall, um certificado digital ou sistema de autenticação por *token*, biometria e assim por diante. Para os que filiam-se a tal teoria, não importa o quão ultrapassado o mecanismo seja considerado, se ele existe, pode-se afirmar que o dispositivo possui mecanismo de segurança e, diante de uma invasão, pode-se afirmar que praticou-se um delito punível. Em um exercício analógico, se alguém quiser usar uma garrucha velha para se proteger, embora antiga e nem tão eficaz, estaria usando um mecanismo de proteção ou mecanismo de segurança. Para esta corrente, a lei não exige que o mecanismo de segurança seja "top de linha" ou o "mais avançado", dado um determinado momento.

Já para uma segunda corrente, o mecanismo de segurança deve estar fazendo frente direta à técnica de invasão utilizada, logo, deve haver a violação de um mecanismo que "era efetivo" na proteção dos dados, contra a técnica de invasão adotada pelo atacante. Um exemplo claro seria um disco rígido com sistema operacional que tenha senha para acesso, porém o agente se apropria do disco e o conecta em outra máquina como "slave", tendo acesso aos dados. Nesse caso, embora existisse mecanismo de segurança, ele não fazia frente à técnica que o agente usou para acessar os dados, ou seja, contra essa "técnica", segundo esta linha doutrinária, não havia proteção alguma.

Para essa corrente ainda, em outro exemplo, de nada adianta a vítima que possuía senha para acesso à área administrativa do site, porém em um site susceptível a um ataque de SQL (*Structured Query Language*), um site sem mecanismo de segurança (programação insegura) para a técnica de invasão em comento, utilizada por um atacante.

Assim, em uma perícia digital (que será indispensável em todos os casos dessa natureza), o perito deveria descrever se o recurso aplicado ao dispositivo informático efetivamente poderia ser considerado mecanismo de segurança e se constituía em "barreira tecnológica" à atuação do agente e sua técnica, especificamente empregada.

Existe, ainda, uma terceira corrente que entende que mecanismo de segurança é "qualquer controle", ainda que uma política ou regra escrita, capaz de dar ciência a alguém de que ele não pode entrar em determinado dispositivo ou sistema. Para tal corrente, ainda que o dispositivo em si não conte com uma barreira tecnológica, a existência de uma regra disciplinando o acesso àquele poderia se equiparar a um "controle de segurança".

Nesse sentido, Edison Fontes (2012)[(1)] estabelece que:

> Desde a zero hora de 2 de abril de 2013, é crime "invadir dispositivo informático alheio". Até 1º de abril de 2013 às 24h não era crime. Porém, a Lei n. 12.737/12 é bem explícita quando indica "mediante violação indevida de mecanismo de segurança". Isto significa que organizações e pessoas precisam implantar mecanismo de segurança. Mas o que seria mecanismo de segurança? Simples: qualquer controle, qualquer ação que indique ou impeça o acesso indevido. Quer dizer, não dá para o (potencial) criminoso dizer: "Eu não sabia que não podia entrar! Não tem nada impedindo nem informando!".

O Judiciário deverá manifestar seu entendimento sobre a questão, ainda embrionária. Porém, essa disposição nos desperta para a importância do *hardening* (blindagem) dos dispositivos informáticos da empresa. Se antes a proteção à confidencialidade, integridade e disponibilidade da informação eram atributos apenas do sistema de gerenciamento da segurança corporativa, agora passa a ser condição para que a legislação proteja empresas e pessoas diante de *cracking* ou crimes informáticos.

---

(1) FONTES, Edison. *Agora é crime*. 2012. Disponível em: <https://fiap.com.br/2013/04/02/fiapx/agora-e-crime/>. Acesso em: 30.1.2014.

III. A AUTORIZAÇÃO PARA ACESSO AO DISPOSITIVO

Verificamos que a ausência de autorização expressa ou tácita é elemento do tipo previsto no art. 154-A do Código Penal, que pune a invasão de dispositivos informáticos.

Logo, diante da autorização do titular do ativo ou dispositivo informático e uma consequente e subsequente invasão, o fato passa a ser atípico, logo, mero acesso ao dispositivo. Precisa-se destacar que a autorização deve ser do titular do ativo. Mas o que seria "titular"?

Para uma parte da doutrina, titular seria o dono ou proprietário do dispositivo informático. Já para outra linha, titular é o que tem o título, quem está na posse do dispositivo, mesmo não sendo proprietário. Se considerarmos que titular seria o dono do dispositivo informático, nasce então um problema. Atualmente empresas armazenam seus dados em dispositivos de terceiros, diga-se, nas nuvens.

E, nesse caso, considerando que esse dispositivo poderia ser invadido, quem teria legitimidade para propor a ação penal? Em tese, o terceiro contratado pelo titular dos dados, pois esse terceiro é titular do dispositivo. Nota-se aqui a importância de se estabelecer em contrato requisitos de segurança da informação com o prestador de serviços na nuvem (*cloud computing*), inclusive prevendo a questão de eventual invasão e como será a demanda em juízo e coleta de provas e informações sobre o incidente.

Entretanto, se considerarmos a segunda corrente, que afirma que titular é somente quem tem a posse (o domínio) de um dispositivo, não se faria frente ao crime quando, por exemplo, alguém empresta seu celular para outrem e este permite que um terceiro acesse e obtenha informações privadas. Perceba que neste caso o titular autorizou o acesso a terceiro, apesar de o proprietário do dispositivo não ter autorizado o referido acesso, momento em que não haveria prática criminosa diante da autorização.

Nos filiamos à primeira corrente, entendendo que a expressão "titular" está empregada no tipo penal no sentido de "proprietário" do ativo. Além disso, entendemos que a proteção da Lei n. 12.737/12 deva se estender não só ao proprietário do ativo, mas ao proprietário dos dados, pouco importando onde estes estejam armazenados. O Judiciário deverá pacificar essas questões nos próximos anos.

Sob o prisma da segurança da informação, vale destacar a importância de *warning banners*, sobretudo nos ativos acessados pela internet, possibilitando claro conhecimento de que o titular não autoriza o acesso. Lembrando que não basta a não autorização, em nosso sentir é preciso também efetivo "mecanismo de segurança".

Destaque-se que a invasão não é punível se existe autorização tácita do titular do dispositivo, como, na contratação de um serviço de suporte técnico remoto ou mesmo de teste de intrusão, os conhecidos serviços de *pentest* realizados para avaliar a maturidade da segurança de um ou mais *hosts*. São atividades que precisam obrigatoriamente de acesso a dispositivos e tentativas de violação de barreiras, logo, temerário que fossem consideradas condutas criminosas.

Ad cautelam, em se tratando de reflexos na segurança da informação, faz-se imprescindível a revisão dos contratos de testes de intrusão evitando que a execução de tais serviços, em suas diversas modalidades, possa ser mal interpretada.

Ademais, um empregado poderia invadir uma parte de um sistema corporativo, do qual não teria credenciais de acesso (logo, violando mecanismo de segurança), e em sua defesa alegar "autorização tácita", justificando tal tese pela relação empregatícia. Tal questão pode gerar um embaraço se não bem tratada. Decorrendo então a importância da atualização dos contratos de trabalho e, principalmente, da política de segurança da informação corporativa, além de suas normas e procedimentos, restando clara e inquestionável a política de permissões e acessos no ambiente corporativo (controle de acessos).

IV. Da perícia forense digital em dispositivos informáticos

Ocorrendo um delito informático, ainda que puro, em que o bem ofendido é informático, e em se tratando de crimes que deixam vestígios (art. 158 do Código de Processo Penal), será indispensável o corpo de delito, especificamente a perícia em informática no dispositivo invadido, seja ele um simples dispositivo móvel ou um grande servidor. Lembrando que o exame de corpo de delito poderá ser feito em qualquer dia e a qualquer hora.

Não é novidade a falta de peritos oficiais especializados no tema. Logo, em termos de segurança da informação, poderá a empresa instruir sua queixa crime ou requerimento de instauração de inquérito com laudo de assistente técnico, facilitando o trabalho do especialista designado ou nomeado em fase de inquérito ou mesmo na instrução criminal.

Deve-se destacar, por imposição do art. 170 do Código de Processo Penal[(2)], a necessidade, em se constatando um incidente informático relacionado à invasão, de se custodiar adequadamente todo o material para eventual necessidade de novos exames periciais. Neste ponto, o time de resposta a incidentes das empresas deverá estar preparado para lidar com eventos dessa natureza, coletando evidências com observância às melhores práticas de computação forense, como a ISO 27037[(3)], pois será utópico imaginar que as autoridades policiais, diante de um crime de invasão, irão proceder com investigações no parque tecnológico da vítima.

Destaca-se que a falta de exame de corpo de delito poderá caracterizar nulidade dos atos subsequentes e até do processo. Assim, tratando-se de crime envolvendo "rompimento de obstáculo", como é a invasão, deverá o perito digital descrever os vestígios, os instrumentos ou técnicas utilizadas. Diga-se, deverá o perito descrever a vulnerabilidade sob a qual incidiu uma ameaça que a explorando gerou um impacto com reflexo jurídico-criminal.

Vulnerabilidade pode ser caracterizada como a falha ou ausência de mecanismo de segurança ou ainda uma característica que torna um sistema vulnerável. É a fraqueza, a indefensibilidade, a atacabilidade que recai sobre um ativo informático.

Se o perito constatar a falha ou fraqueza em um mecanismo de segurança, explorado, estaremos diante do delito. Porém, em se constatando vulnerabilidade pela ausência total de mecanismo de segurança, então tal parecer técnico poderá ser utilizado pelo magistrado para extinguir o processo, considerando a ausência de um dos elementos do tipo, repise-se, "mecanismo de segurança".

V. Prova da intenção do agente invasor

O delito previsto no art. 154-A do Código Penal se enquadra na categoria de crimes formais (embora haja divergências na doutrina), de perigo abstrato, ou seja, pouco importa se o agente invasor obtém êxito no acesso

(2) Art. 170. Nas perícias de laboratório, os peritos guardarão material suficiente para a eventualidade de nova perícia. Sempre que conveniente, os laudos serão ilustrados com provas fotográficas, ou microfotográficas, desenhos ou esquemas.

(3) Disponível em: <http://iso27001security.com/html/27037.html>.

indevido às informações, se provada sua "finalidade", a sua "intenção, haverá a consumação do delito.

Logo, estamos diante do dolo específico de invadir com o fim de obter, adulterar ou destruir dados ou informações sem autorização expressa ou tácita do titular do dispositivo, ou instalar vulnerabilidades para obter vantagem ilícita.

Neste novo cenário, ao contrário do que muitos preconizam, existem indícios e vestígios informáticos que são capazes, sim, de demonstrar qual era a intenção do agente quando de uma invasão, como, os *logs* de uma tentativa de cópia frustrada ou interrompida pelo sistema de detecção de atividades anômalas, ou mesmo o registro de instruções de cópia ou ao banco de dados, ou, ainda, a própria constatação do *upload* para a máquina invadida de um código que seria compilado e criaria uma vulnerabilidade. São inúmeras as constatações possíveis e de competência da computação forense.

Mais uma vez, destaca-se que a segurança da informação deverá ser revista considerando sua auditabilidade, pois, diante de ativos e sistemas desprotegidos e que não registram minimamente as atividades dos usuários, será não só difícil provar a intenção do agente, mas, principalmente, provar a materialidade e autoria de uma invasão, deixando a empresa de estar sob a proteção da nova legislação.

VI. Ferramentas que permitem a invasão e o prejuízo econômico

A legislação pune nas mesmas penas do art. 154-A aquele que produz, oferece, distribui, vende ou difunde dispositivo ou programa de computador com o intuito de permitir a prática da conduta definida no *caput* do artigo supracitado.

Tal dispositivo precisa ser interpretado com cautela. Isso porque uma série de ferramentas, *softwares* e aplicativos são comumente disponibilizados na internet, cujo objetivo das ferramentas são quebrar uma senha, "resetar" o código de um equipamento ou mesmo invadir determinado sistema.

Essas ferramentas são comumente utilizadas por pesquisadores, profissionais de segurança da informação e de redes, para manutenção ou testes em ambiente de sistemas. Além disso, é comum que pesquisadores criem provas de conceito para demonstrar na prática a vulnerabilidade de um sistema, *software* ou serviço informático.

Logo, caberá bom senso ao judiciário e às autoridades na interpretação do mencionado dispositivo. Já quanto a empresas de pesquisa em segurança, caberá proceder com avisos em seus sistemas acerca do uso legal das ferramentas, prevenindo eventual responsabilização futura.

A pena da invasão será aumentada de um sexto a um terço se dela decorrer prejuízo econômico. Importa dizer que não se trata de prejuízo bancário, ou desfalque financeiro, momento em que o crime de invasão poderá ser absorvido por outro mais grave, mas de dano decorrente do ato, como avaria no dispositivo, exclusão dos dados e custo para reconstrução, reconfiguração, restabelecimento do *backup*, multa contratual por indisponibilidade dos serviços ou mesmo indenizações decorrentes da violação ou vazamento de dados pessoais.

Cabe também à perícia digital avaliar em laudo interno os danos causados pelo acesso indevido, descrevendo-os e mensurando-os financeiramente.

VII. Da obtenção de informações sigilosas e o controle remoto do equipamento

O tipo penal em estudo ainda traz uma qualificadora em seu parágrafo terceiro, aumentando a pena para reclusão de seis meses a dois anos e multa nos casos em que da invasão ocorrer obtenção de conteúdo de comunicações eletrônicas privadas, segredos comerciais ou industriais, informações sigilosas, assim definidas em lei, ou o controle remoto não autorizado do dispositivo invadido.

Destaca-se que não se trata de interceptação telemática (prevista na Lei n. 9.296/96), mas da efetiva obtenção de conteúdo das comunicações ou mesmo informações sigilosas, armazenadas ou processadas no dispositivo. A Lei n. 12.737/12 é omissa em explicitar o que seriam "informações sigilosas", simplesmente definindo que estão (ou estarão) definidas na legislação.

Para parte da doutrina, informação sigilosa seria somente a que a lei assim estabelecesse. Logo, um agente que invadisse e obtivesse informações não previstas em lei não responderia pela modalidade qualificada. Para outra corrente, informação sigilosa é aquela que o titular do ativo assim estabelece ou define, classificando-a de tal modo em suas políticas, termos de uso e avisos públicos. Para outros, ainda, informações sigilosas seriam informações pessoais. Mais uma vez deverá o Judiciário enfrentar casos concretos até pacificar seu entendimento. Fato é que a segurança da informação, para fins do dispositivo em estudo, deverá arrolar cada item eventualmente acessado, arquivo por arquivo, dado por dado, o que poderá ser útil para caracterizar o efetivo acesso a comunicações privadas e dados ou informações sigilosos.

Importante mencionar que a qualificadora da Lei n. 12.737/12 estará presente também quando da invasão resultar o controle remoto não autorizado, devendo a equipe de segurança avaliar conexões de redes estabelecidas e portas ativas no dispositivo afetado, a fim de investigar tal possibilidade, sem prejuízo da auditoria de logs, códigos maliciosos e demais registros de servidores que possam indicar administração remota. Em todas as hipóteses de acesso às informações anteriormente mencionadas, sempre que houver a transmissão, comercialização ou divulgação a terceiros, a pena será aumentada de um a dois terços.

Para a segurança da informação, enfim, isso implica em um trabalho de inteligência para se apurar a dimensão do vazamento, incluindo, mas não se limitando, a pesquisas em redes sociais e procedimentos jurídicos de quebra de sigilo de suspeitos. Para pesquisadores, em provas de conceito, resta consolidado que deverão ser concebidas metodologias que evitem a obtenção da informação e, principalmente, que artigos ou demonstrações da exploração não sejam instruídos com parte dos dados, o que poderá caracterizar a divulgação. Em tese, demonstrar que um sistema é vulnerável não seria crime, desde que comprovada a não intenção de obter informações. Por outro lado, qualquer tese nesse sentido cai por terra diante da divulgação de dados decorrentes do acesso indevido, o que pressupõe a obtenção em si.

VIII. Conclusão

Como visto, a Lei n. 12.737/12 representa um avanço no combate ao crime cibernético, cada vez mais intenso no Brasil. Por outro lado, a falta de debate técnico no Congresso e a aprovação a toque de caixa foram responsáveis por lançar no ordenamento jurídico uma lei considerada por muitos como ineficiente e repleta de contradições e pontos omissos, que podem ser letais.

Nos Estados Unidos, por exemplo, onde a *Computer Fraudand Abuse Act* (CFAA) já vigora há muito tempo, ainda constatamos, hoje em dia, problemas na interpretação daquela, sobretudo no que diz respeito a atividades que se enquadrariam em violação de mecanismo de segurança ou barreira tecnológica. Se os americanos têm problemas, aqui não é diferente (e chega a ser pior), pois estamos diante de uma lei embrionária, com pouquíssimos julgados a respeito.

No que tange à perícia computacional, restou demonstrado ser esta indispensável para todos os delitos previstos na legislação, ser o suporte técnico ao juiz e demais autoridades para a devida compreensão do que aconteceu, como ocorreu e qual a dimensão do dano associado a um delito informático.

Para a segurança da informação, resta a implantação de um processo organizacional, envolvendo igualmente a concepção de políticas, normas, procedimentos e controles que considerem a lei, pois, como visto neste estudo específico sobre o crime de invasão de dispositivo informático, a ausência de controles e auditorias pode representar a não subsunção penal ou até mesmo a absolvição de um criminoso digital por parca produção probatória.

O desafio é técnico e jurídico e certamente será bem-sucedido quem estiver em condições de maturidade em segurança digital para enfrentá-lo. O papel e a responsabilidade do profissional de segurança da informação crescem, pois como salienta sobre o tema, Milagre (2013, p. 3).

Seja como for, a segurança da informação, agora, passa a ser não apenas útil para impedir que o ato potencialmente criminoso ocorra, garantindo a disponibilidade, integridade e confidencialidade da informação, mas, em caso de invasão consumada, para que o criminoso possa responder criminalmente.

Como visto, a não conformidade em segurança da informação, agora, pode representar claramente a impunidade em casos de invasão, pois não se pode invadir o que está "aberto", por nítida falha, negligência, imprudência ou imperícia dos contratados e que tinham o dever de garantir segurança do ativo de informação de alguém.

Longe de exaurir os entendimentos sobre as nuances da Lei de Crimes Informáticos, continuamos a acompanhar a evolução do tema e a consolidação dos entendimentos.

BRASIL. Lei n. 12.737, de 30 de novembro de 2012. Dispõe sobre a tipificação criminal de delitos informáticos; altera o Decreto-Lei n. 2.848, de 7 de dezembro de 1940 — Código Penal; e dá outras providências. Legislação Federal. Disponível em: <http://planalto.gov.br/ccivil_03/_ato2011-2014/2012/Lein./12737.htm>.

FONTES, Edison. *Agora é crime.* 2012. Disponível em <https://fiap.com.br/2013/04/02/fiapx/agora-e-crime/>. Acesso em: 30.1.2014.

MILAGRE, José Antonio. Disponível em: <http://www.conjur.com.br/2013-abr-01/jose-milagre-invasao-dispositivo-senha-nem-sempre-crime>. Acesso em: 13.9.2014.

Internet, Novas Tecnologias e a Responsabilidade Civil no Âmbito do CDC

Joung Won Kim(*)

I. A internet no Brasil

A **internet** é o maior conglomerado de redes de comunicações em escala mundial, ou seja, vários computadores e dispositivos conectados em uma rede mundial e dispõe de milhões de dispositivos interligados pelo protocolo de comunicação TCP/IP que permite o acesso a informações e todo tipo de transferência de dados. Ela carrega uma ampla variedade de recursos e serviços, incluindo os documentos interligados por meio de hiperligações da *World Wide Web* (Rede de Alcance Mundial), e a infraestrutura para suportar correio eletrônico e serviços, como comunicação instantânea e compartilhamento de arquivos.[1]

(*) Advogada, consultora jurídica e professora da Escola Superior de Advocacia — ESA/OAB-SP, especialização em processo civil pela PUC/SP.

(1) WIKIPÉDIA, a enciclopédia livre. *Evolução da internet no Brasil e no mundo*. Disponível em: <http://pt.scribd.com/doc/123635/Evolucao-da-Internet-no-Brasil-e-no-Mundo>. Acesso em: 23.8.2013.

A rede mundial de comunicação, como também é conhecida a internet, passou ao uso comercial no Brasil somente a partir do ano de 1995, após o fim de reserva do mercado de informática (1984/1991).

E a evolução tecnológica em equipamentos (*hardware*) e programas de computador (*software*), em um pouco mais de duas décadas, deu um salto gigantesco: das telas quase que metalizadas avançou-se ao realismo de movimentos, como em jogos eletrônicos aos filmes; e de computadores "fixos" à mobilidade de celulares a *tablets*.

As contribuições para tanto vieram, mais uma vez, do berço da internet (USA) — Bill Gates e Steve Jobs:

> No dia 30 de maio de 2007, na cidade de Carlsbad, na Califórnia, o jornalista norte-americano Walter Mossberg, uma das principais referências do jornalismo de tecnologia do mundo, recebeu os dois maiores nomes da história da computação nos últimos 30 anos para um encontro há muito esperado. Bill Gates e Steve Jobs compareceram à conferência D5, organizada por Mossberg a partir de sua plataforma *All Things Digital,* do jornal *Wall Street Journal,* para um encontro que seria naturalmente histórico. Faziam anos que os dois não compareciam a um mesmo evento simultaneamente e agora estavam novamente juntos para uma sabatina em conjunto.
>
> Os dois começaram trabalhando juntos, *nerds* idealistas que viam a possibilidade de transformar o computador — um aparelho que antes ocupava salas inteiras — em um aparelho presente na casa da maioria das pessoas. Era uma utopia tecnófila e pouco provável para os principais futuristas daquele tempo, mas Gates e Jobs insistiram tanto que fundaram duas empresas que determinaram nosso estilo de vida nas últimas três décadas. Juntas, Microsoft e Apple dominaram um mercado que não existia, movimentaram bilhões de dólares, criaram uma indústria literalmente do nada e — ao mesmo tempo — eram rivais, cada uma defendendo uma lógica da computação pessoal, uma estética.
>
> [...]
>
> Um deles disse que achava que não teríamos apenas um dispositivo para acessar a internet. "Acho que teremos uma grande tela portátil que nos fará ler dramaticamente mais. Eu acredito muito

no formato do *tablet*. Você terá um aparelho com teclado e algumas ferramentas para isso. E você também terá outro aparelho que cabe em seu bolso, em que você terá toda a noção de inúmeras funções que podem ser postas ali. Você sabe, localização, mídia, telefonia. A tecnologia nos permite colocar cada vez mais coisas ali, mas você deve afiná-los para que as pessoas tenham uma ideia sobre o que esperar. Por isso há muita experimentação neste aparelho de bolso. Mas acho que estes são fatores naturais e teremos uma evolução da máquina portátil".

O outro completou: "Você sabe que houve a era da produtividade, com processadores de texto, planilhas eletrônicas e tudo aquilo que fazia toda a indústria se mover. E isso se estabilizou por um tempo e estava começando a ficar velho quando veio a internet e todo mundo precisava de computadores mais poderosos para acessar a internet. Vieram os navegadores e, com eles, toda a era da internet. Foi quando surgiu essa noção de que o computador pessoal — chame de hub digital ou de centro multimídia da casa — começou a decolar graças a câmeras digitais e pelo compartilhamento das coisas via internet. E assim o computador renasceu como o *hub* de sua vida digital. E dá para ver que há algo novo começando de novo. Não está exatamente claro sobre o que é isso, mas o computador vai funcionar com outros serviços online e coisas do tipo. E, claro, computadores vão se tornar ainda mais móveis. Por isso acho que o computador pessoal deverá continuar existindo".

A primeira fala é de Bill Gates. A segunda é de Steve Jobs. Se parece que seria o contrário, é porque os dois, na verdade, fazem parte do mesmo negócio. Se opõem, mas estão juntos.[2]

Aqui no Brasil, o crescimento pode ser atribuído a três importantes fatores: o primeiro político econômico, o segundo social e o terceiro empresarial.

O Plano Real (julho 1994), ao converter inicialmente a velha moeda, o Cruzeiro Real (CR$) para Unidade Real de Valor (URV) e, em seguida para nova moeda, o Real (R$), trouxe um novo cenário econômico, passando ao controle de alta inflação para a estabilidade econômica.

(2) MATIAS, Alexandre. Impressão digital: o futuro das duas empresas que inventaram o presente. *O Estado de S. Paulo*, São Paulo, 29 out. 2012.

Nesse novo cenário político econômico, com baixas taxas inflacionárias, trazendo a real noção de valores, temos o segundo fator de crescimento tecnológico da internet: o aumento do poder aquisitivo das famílias brasileiras.

E o terceiro fator, o empresarial, está intrinsecamente ligado ao próprio crescimento econômico do país, que é o de investimentos, principalmente no setor de software e de telefonia móvel.

Poderemos facilmente constatar os dois fatores de crescimento tecnológico nas reportagens divulgadas na edição especial da *Revista Exame*, com o título "Para onde vai o consumo. Especial consumo"[(3)], trazendo a análise do mercado sob aspecto comportamental do consumidor após a crise econômica mundial de 2008, com seguintes destaques:

> A crise deve produzir reações curiosas. Uma das tendências esperadas é que as pessoas, especialmente das classes B e C, passe mais tempo em casa e transfiram um pouco mais de recursos para o lazer doméstico. As famílias dessa faixa poderão optar por ir menos vezes à praia ou cancelar uma viagem de férias, mas podem compensar parte dos desejos frustrados fazendo a troca do aparelho de TV ou a assinatura de um pacote de televisão paga com internet rápida. Algumas empresas já estão se movimentando para tentar aproveitar essas mudanças do mercado. [...] A maior parte dos investimentos irá para a construção de infraestrutura de serviços de internet por banda larga e televisão por assinatura. [...] A empresa está testando um grupo de produtos batizado de lar digital. Um deles funcionará como um *iPhone* fixo, permitindo a navegação na internet com o telefone fixo. Outro novo serviço integrará aparelhos da casa, que poderão ser acessados pelo telefone e pela internet.

Com a privatização do setor de telefonia, no ano de 1998, e a implantação do Plano Geral de Metas de Universalização (PGMU)[(4)], as empresas responsáveis pela operação e gerenciamento de redes de telecomunicações no Brasil, que compunham o Sistema Telebrás (*holding*), foram agrupadas em 4 regiões e vendidas em leilão internacional, constituídas por 4 lotes de empresas da rede de telefonia fixa, 8 lotes de empresas da rede de telefonia móvel e operadora de longa distância, Embratel[(5)]. E concomitantemente, no

(3) PADUAN, Roberta. Para onde vai o consumo. Especial consumo. *Revista Exame*, ano. 43, n. 6, ed. 940, abr. 2009.

(4) BRASIL. Decreto n. 4.769, de 27 de junho de 2003.

(5) Disponível em: <http://www.teleco.com.br/mapas_fixo.html>. Acesso em: 11.11.2013.

intuito de gerar concorrência no mercado, foram leiloadas novas concessões para as mesmas áreas privadas, permitindo-se, assim, a constituição de novas "empresas espelhos" pelo setor privado; e para fiscalizar o mercado, foi criada a Anatel — Agência Nacional de Telecomunicações.

A concorrência, no entanto, veio de outro setor, ainda de acordo com a reportagem, o que alavancou o crescimento da internet:

> A batalha das operadoras pela liderança no mercado brasileiro de telefonia móvel foi, durante muito tempo, repetitiva e monótona, com praticamente os mesmos competidores e poucas variações de concorrência. As empresas alternavam posições no mercado seguindo a tradicional tática para conquistar clientes: oferecer o modelo mais moderno de celular e reduzir as tarifas. Quem conseguisse equilibrar os dois fatores teria, em tese, mais chance de se posicionar na liderança. Recentemente, a disputa ficou menos óbvia. O quarteto Claro, Oi, Tim e Vivo ganhou competidores que não vêm do setor de telecomunicações. Agora, são empresas de tecnologia e internet que desafiam a posição confortável das operadoras também em *software*, vídeos e músicas que rodam no celular.
>
> Não faz tanto tempo assim que as operadoras viviam no que se convencionou chamar de "jardim murado". A expressão era usada para descrever o ambiente fechado criado pela AOL. O modelo pregava uma regra muito simples: todo e qualquer conteúdo oferecido na AOL tinha de ser aprovado pela empresa. O sistema funcionou muito bem durante os anos 1990, mas não resistiu à expansão da *web* aberta [...]. As operadoras celulares sempre tiveram privilégios semelhantes. Fornecedores de conteúdo ou de *software* tinham de pagar pedágio para chegar até a telinha dos usuários. Mas, agora, esse modelo está em xeque. O maior exemplo dessa mudança na concorrência é a Apple. [...]
>
> OS PRINCIPAIS AGENTES dessa transformação no mercado de telefonia móvel são os *smartphones*, que devem chegar a 150 milhões de unidades em 2009. [...][6]

Constatamos ao longo dos anos, porém, que o consumidor brasileiro, além de manter as viagens nacionais, realizou muitas viagens para o ex-

(6) FUSCO, Camila. A intrusa chamada Apple. Tecnologia mobilidade. *Revista Exame*, ano 43, n. 6, ed. 940, abr. 2009.

terior, tornando-se o segundo país em usuários de redes sociais, atrás dos Estados Unidos.

Tornou-se, ainda, grande consumidor dos aparelhos celulares, o que, de acordo com a recente divulgação da ANATEL, são mais de 270 milhões de linhas ativas na telefonia móvel para os 200 milhões de habitantes (IBGE — Instituto Brasileiro de Geografia e Estatística/censo 2010)[(7)].

II. Novas tecnologias

Esses avanços, sob o olhar dos consumidores, estão praticamente ao seu alcance, no uso diário, como nos aparelhos celulares, *tablets*, nos novos modelos digitais de aparelhos de televisão, serviços bancários, de compra e reservas de passagens aéreas, pacotes de turismo, hotéis, e redes sociais, todos interagindo com a internet.

Mas, novas tecnologias não significam somente facilitar o cotidiano dos consumidores. Elas surgem também para monitorar e, por que não, vigiar os seus hábitos[(8)]:

> Em seriados policiais da TV a cabo, é comum ver a polícia usar a rede de telefonia celular para rastrear e localizar criminosos. No Brasil, isso pode parecer ficção, mas já começa a acontecer. Não nas delegacias. Mas nas empresas. De supermercados a seguradoras, de mineradoras a *shopping centers*. É a era do monitoramento do consumidor ganhando as ruas, dizem os especialistas.
>
> Por meio da rede de telefonia celular, de *softwares* instalados nas empresas ou pela internet e redes sociais — tudo o que o consumidor faz está sendo coletado e organizado em dados estatísticos que podem ser usados pelas empresas. Quando uma loja vende um produto ou uma pessoa usa um serviço, tudo isso gera informação.

Segundo a reportagem, esses dados são cruzados para beneficiar uma estratégia de negócios de uma empresa etc., e prossegue:

---

(7) Disponível em: <https://anatel.gov.br> Acesso em: 28.3.2014; Disponível em: <https://ibge.gov.br> Acesso em: 28.3.2014.

(8) CUNHA, Lilian. Negócios: atenção: você está sendo observado. *O Estado de S. Paulo*, São Paulo, 2012, out. 2012.

> *Analytics* é o nome que se dá à coleta e organização de dados. A ferramenta ganhou popularidade com o monitoramento das atividades de internautas, principalmente a partir de 2005, quando o Google lançou o serviço *Google Analytics*. Por meio dele, é possível saber, basicamente, quantos internautas estão visitando um determinado site, quanto tempo permanecem nele e como chegaram ao endereço, se clicaram em um anúncio, se procuraram por algum serviço de busca ou se digitaram seu endereço.
>
> Agora, graças à novas tecnologias, o *analytics* vem assumindo novas dimensões. Com a ferramenta é possível, por exemplo, saber quantos consumidores, a que horas, em que dias da semana, em que tipo de loja e em qual região da cidade estão comprando ou compraram determinado produto. [...]
>
> [...] "Hoje, o banco manda uma mala direta oferecendo parcelamento de dívida para um cliente que tem dinheiro guardado. Com essas informações, evita-se isso. Em vez de fazer a proposta errada, a empresa oferece um investimento", [...]. Mas e a privacidade dos consumidores? [...].

Um dos líderes da prática de *analytics* responde para a jornalista, autora do texto: "[...] ela pode sofrer danos. Mas os benefícios gerados para o consumidor são maiores".

Continua o artigo:

> [...] outras empresas também estão trabalhando com monitoramento de dados. A Telefônica/Vivo, por exemplo, pretende lançar [...], o serviço *Smart Steps*, pelo qual monitorará os hábitos de consumo e até de deslocamento de usuários de sua rede celular. Por meio do serviço, que será vendido a empresas, será possível, por exemplo, saber quantas mulheres ou homens circulam em determinado *Shopping Center*, em certo dia da semana e em um horário específico.
>
> Outro exemplo de monitoramento de dados chegou ao mercado na semana passada. A varejista Magazine Luiza e a operadora de celulares Claro lançaram o *Chip* Luiza, pelo qual o usuário terá acesso gratuito a redes sociais, ao site da operadora e ao da rede de lojas, além do serviço de *e-mail* iClaro. As duas empresas terão acesso aos dados de navegação e de uso dos serviços gerados por quem utilizar o *chip*.

Os especialistas que opinaram a respeito nessa reportagem ressaltaram que inexistem leis protegendo o consumidor, e concluíram:

"Mesmo que leis sejam criadas, o monitoramento de dados é inexorável", acrescenta Alberto Albertin, do Programa de Excelência em Negócios na Era Digital da FGV. "As pessoas se habituam a usar a tecnologia. Quem vive sem celular hoje? Por isso, quando perceberem que sua privacidade corre risco, a tendência é que elas relaxem seu grau de exigência de privacidade para continuar desfrutando da tecnologia".

III. Responsabilidade civil no CDC

Para falarmos nesse cenário sobre a responsabilidade civil no contexto da legislação consumerista, destacamos inicialmente duas qualidades inerentes ao consumidor concentradas nos princípios da boa-fé: hipossuficiente e vulnerabilidade[(9)].

A boa-fé do consumidor, que consiste em sempre falar a verdade dos fatos e circunstâncias envolvendo a compra do produto ou, em caso de serviços, na sua contratação, compreendendo desde a publicidade, tratativas e execução do contrato, é sempre presumida. Em caso de sua má-fé, deve ela ser comprovada pelo fornecedor.

Já o hipossuficiente caracteriza-se, pela falta de conhecimento ou incapacidade técnica de apreender as inúmeras e complexas funcionalidades que os aplicativos de internet proporcionam aos fornecedores, no caso concreto, no Brasil, o monitoramento dos hábitos e comportamentos dos consumidores, e mundialmente, na escandalosa invasão de privacidade das correspondências eletrônicas e de espionagem/vigilância das ligações telefônicas dos povos e autoridades brasileiras e europeias pelos Estados Unidos.

E na questão da vulnerabilidade, destaca Roberto Pfeiffer[(10)]:

> No que tange à vulnerabilidade do consumidor, Fábio Konder Comparato explora interessante perspectiva, ressaltando que os consumidores são aqueles que não dispõem do controle sobre bens de produção e, por conseguinte, devem se submeter ao poder dos titulares destes. [...]

---

(9) BRASIL. Lei n. 8.078, de 11 de setembro de 1990. Dispõe sobre a proteção do consumidor e dá outras providências (Código de Defesa do Consumidor).

(10) MARQUES, Cláudia Lima; LOPES, José Reinaldo de Lima; PFEIFFER, Roberto Augusto Castellanos. *Saúde e responsabilidade:* seguros e planos de assistência privada à saúde. São Paulo: Revista dos Tribunais, 1999.

O Código elegeu esses princípios a serem observados rigorosamente pelos fornecedores, justamente por serem os detentores da produção dos bens de consumo, e como regra, a responsabilidade objetiva, onde não concorrem os elementos subjetivos de culpa (negligência, imprudência ou imperícia).

E um dos autores do anteprojeto do Código de Defesa do Consumidor, Zelmo Denari, assevera que:

> Uma das considerações mais importantes, [...], diz respeito ao caráter objetivo da responsabilidade do fornecedor. [...] uma sociedade civil cada vez mais reivindicante reclamava mecanismos normativos capazes de assegurar o ressarcimento dos danos, se necessário fosse, mediante sacrifício do pressuposto da culpa. A obrigação de indenizar *sem culpa* surgiu no bojo dessas ideias renovadoras por duas razões: a) a consideração de que certas atividades do homem criam um *risco* especial para outros homens; e que b) o exercício de determinados direitos deve implicar ressarcimento dos danos causados. [...] No âmbito das relações de consumo, os lineamentos da responsabilidade objetiva foram logo acolhidos e denominados "responsabilidade pelo fato do produto": não interessava investigar a conduta do fornecedor de bens ou serviços, mas somente se deu causa (*responsabilidade causal*) ao produto ou serviço, sendo responsável pela sua colocação no mercado de consumo.(11)

A importância da legislação específica regulando sobre a internet é indiscutível, até para tipificação de crimes cometidos com o seu uso, mas, na sua ausência, não nos impede de identificar certas práticas como abusivas, em total desrespeito aos princípios supra, elencados pelo *Codex*.

A questão do monitoramento dos hábitos dos consumidores e a comercialização dos seus resultados caracteriza a violação à intimidade e à privacidade da pessoa, direitos garantidos constitucionalmente(12), por não haver expressa aceitação do consumidor.

A omissão quanto ao monitoramento e o acesso ou comercialização dos dados coletados com a navegação nas redes sociais, como noticiado na mídia, durante a oferta de um *chip* de celular caracteriza-se como prática abusiva,

---

(11) GRINOVER, Ada Pellegrini *et al. Código brasileiro de defesa do consumidor comentado pelos autores do anteprojeto.* Rio de Janeiro: Forense Universitária, 1991. p. 85-87.

(12) BRASIL. Constituição (1988). Constituição da República Federativa do Brasil. Brasília/DF: Senado, 1988.

por não ter dado a oportunidade ao consumidor de tomar conhecimento prévio de seu conteúdo[13]. Acrescento que deve-se informar, inclusive, sobre as possíveis repercussões dessa prática, em obediência aos princípios de informação[14], boa-fé, qualidades de hipossuficiente e vulnerabilidade do consumidor.

E quais seriam essas repercussões? Num primeiro momento, uma enxurrada de ofertas de produtos e serviços, por ligações telefônicas, celulares, mensagens de texto, correspondências etc.

A pesquisa dos hábitos dos consumidores não é novidade para as empresas de cartões de crédito e de débito das instituições financeiras, como amplamente noticiado na imprensa. Mas o avanço tecnológico está propiciando que o monitoramento ocorra em tempo real, o que permite também às empresas impedirem as compras ou bloquearem o uso do cartão, em caso de furto ou roubo diante do histórico de consumo e perfil do consumidor.

Outra situação cotidiana na vida do consumidor, onde os avanços tecnológicos esbarram no Código de Defesa do Consumidor, está nos serviços bancários: "[...] há que considerar que boa parte dos serviços dos bancos já não precisa da presença do cliente nem da existência de um funcionário fisicamente presente atrás do caixa ou de um balcão. Podem ser feitos pela internet ou no caixa eletrônico"[15].

Há no site informações quanto aos cuidados necessários para acessar os serviços bancários pela internet, mas alguém já recebeu a necessária educação sobre como essas informações devem ser aplicadas? Uma vez que o consumidor hipossuficiente não deixará de ser assim pelos simples fato de ter recebido as informações. O fornecedor deve educar o consumidor para que o seu produto ou serviço seja utilizado corretamente[16].

Tanto assim que a tecnologia implementada nos caixas eletrônicos trouxe grandes dificuldades para os seus usuários, a ponto de as instituições financeiras disponibilizarem aos consumidores, atendentes nas agências para prestarem auxílio, informações e ensinarem sobre a utilização dos equipamentos e dos serviços nele oferecidos.

---

(13) BRASIL. Lei n. 8.078, de 11 de setembro de 1990. Dispõe sobre a proteção do consumidor e dá outras providências (Código de Defesa do Consumidor), art. 46.

(14) *Idem*. Art. 6º, inciso III.

(15) MARTINS, José de Sousa. Sem lenço, sem documento. Trabalhadores sobreviventes da invasão eletrônica não incluem em suas demandas a degradação sofrida com a concorrência da máquina. *O Estado de S. Paulo*, São Paulo, out. 2011.

(16) BRASIL. Lei n. 8.078, de 11 de setembro de 1990. Dispõe sobre a proteção do consumidor e dá outras providências (Código de Defesa do Consumidor), art. 6º, inciso II.

A legislação regulando o uso da internet permitirá, portanto, uma maior segurança e em todo sistema, desde que, respeitados os direitos e as garantias fundamentais dos seus usuários.

IV. Marco civil da internet[17]

Entre os princípios adotados pelo recente Marco Civil da Internet, o texto legal contempla a preservação e garantia da neutralidade da rede[18].

> A neutralidade da rede (ou *neutralidade da Internet*, ou *princípio de neutralidade*) significa que todas as informações que trafegam na rede devem ser tratadas da mesma forma, navegando à mesma velocidade, ou seja, na velocidade da contratação. É esse princípio que garante o livre acesso a qualquer tipo de informação na rede.[19]

> Logo após ser aprovada pela Câmara dos Deputados, na última terça-feira (25), a proposta de marco civil da internet já começou a gerar interpretações diversas, no artigo que garante a neutralidade da rede. Empresas de telefonia, associação de consumidores e entidades da sociedade civil têm entendimentos diversos sobre o princípio, segundo o qual todo o pacote de dados que trafega na internet deve ser tratado de forma igual, sem discriminação quanto ao conteúdo, origem, destino, serviço, terminal ou aplicativo.
>
> [...]
>
> Na visão do consultor legislativo Cláudio Nazareno, existe espaço, no texto da proposta, para interpretações diversas, inclusive para questionamentos judiciais, sobre a oferta ou não de pacotes com serviços diferenciados pelas empresas de telefonia. Isso porque a proposta prevê que possa haver discriminação do tráfego se essa decorrer de requisitos técnicos indispensáveis à prestação adequada dos serviços e aplicações ou para priorizar serviços de

(17) Disponível em: <http://www1.folha.uol.com.br/2014/03/1430894-camara-aprova-marco-civil-da--internet.shtml> Acesso em: 26.3.2014.

(18) BRASIL. Projeto de Lei n. 2.126, de 24 de agosto de 2011. Art. 3º, inciso IV. Estabelece princípios, garantias, direitos e deveres para o uso da internet no Brasil.

(19) WIKIPÉDIA, a enciclopédia livre. *Marco civil da internet*. Disponível em: <http://pt.wikipedia.org/w/index.php?title=Marco_Ciivil_da_internet&oldid= 36488001> Acesso em: 2.4.2014.

> emergência. Para Nazareno, a brecha está justamente na abrangência do que possa ser "requisitos técnicos". O texto aprovado diz que essas exceções à neutralidade de rede serão regulamentadas pela Presidência da República.[20]

O art. 9º estabelece:

> Art. 9º O responsável pela transmissão, comutação ou roteamento tem o dever de tratar de forma isonômica quaisquer pacotes de dados, sem distinção por conteúdo, origem e destino, serviço, terminal ou aplicativo, sendo vedada qualquer discriminação ou degradação do tráfego que não decorra de requisitos técnicos necessários à prestação adequada dos serviços, conforme regulamentação.

A garantia da neutralidade é imprescindível para assegurar a cidadania, dignidade da pessoa humana, uma sociedade justa, garantindo, ainda, o desenvolvimento nacional, redução das desigualdades sociais e regionais, sem discriminação de qualquer natureza em atendimento ao princípio da igualdade[21].

Na prática, a não observância ao princípio em questão traduz-se em quem pode pagar mais tem acesso aos conteúdos totais com velocidade mais rápida; e quem paga menos sofre restrição no acesso aos conteúdos, estes parciais, com velocidade menor.

A restrição a esse princípio ensejará inevitável discriminação econômica no Brasil, que luta ainda para diminuir os distanciamentos sociais, existentes na educação e saúde!

V. Conclusão

A internet continua a crescer, impulsionando quantidades cada vez maiores de informações *on-line* e de conhecimento, comércio, entretenimento e redes sociais.[22] Durante a década de 1990,

---

(20) Recém-aprovado pela Câmara, marco civil da internet já gera interpretações diversas. Disponível em: <http://www2.camara.leg.br/camaranoticias/noticias/COMUNICACAO/464877-RECEM-APROVADO-PELA-CAMARA,-MARCO-CIVIL-DA-INTERNET-JA-GERA-INTERPRETACOES-DIVERSAS.html>. Acesso em: 2.4.2014.

(21) BRASIL. Constituição (1988). *Constituição da República Federativa do Brasil.* Brasília/DF: Senado, 1988. Arts. 1º, incisos II e III; 3º, incisos I, II , III e IV e 5º.

(22) WIKIPÉDIA, a enciclopédia livre. *Evolução da internet no Brasil e no mundo.* Disponível em: <http://pt.scrib.com/doc/123635/Evolucao-da-Internet-no-Brasil-e-no-mundo>. Acesso em: 23.8.2013.

estimou-se que o tráfego na internet pública cresceu cerca 100% ao ano, enquanto estima-se que o crescimento anual do número de usuários seja de algo entre 20% e 50%.(23) Este crescimento é muitas vezes atribuído à falta de uma administração central, que permita o crescimento orgânico da rede, bem como pela natureza não proprietária e aberta dos protocolos de internet, o que incentiva o fornecedor de interoperabilidade e impede qualquer empresa de exercer muito controle sobre a rede.(24) Em 31 de março de 2011, o número total estimado de usuários da internet foi de cerca de 2 bilhões de pessoas (ou cerca de 30% da população mundial).(25) Estima-se que em 1993 a internet realizou apenas 1% do fluxo de informações através de duas vias de telecomunicações; em 2000 este valor tinha aumentado para 51% e, até 2007, mais do que 97% de todas as informações telecomunicadas foi realizada através da rede mundial.(26)

Temos a obrigação de assegurar essa liberdade de acesso, que tem permitido ampla liberdade de comunicação entre as pessoas, transformando sociedades e pensamentos, garantindo, assim, o cumprimento dos compromissos assumidos na Constituição Federal de 1988.

VI. Referências

BRASIL. Constituição (1988). Constituição da República Federativa do Brasil. Brasília/DF: Senado, 1988.

______. Decreto-lei n. 4.769, de 27 de junho de 2003.

______. Lei n. 8.078, de 11 de setembro de 1990. Dispõe sobre a proteção do consumidor e dá outras providências (Código de Defesa do Consumidor).

______. Projeto de Lei n. 2.126, de 24 de agosto de 2011. Art. 3º, inciso IV. Estabelece princípios, garantias, direitos e deveres para o uso da Internet no Brasil.

(23) WIKIPÉDIA, a enciclopédia livre. *Evolução da internet no Brasil e no mundo*. Disponível em: <http://pt.scrib.com/doc/123635/Evolucao-da-Internet-no-Brasil-e-no-mundo>. Acesso em: 23.8.2013.

(24) WIKIPÉDIA, a enciclopédia livre. *Evolução da internet no Brasil e no mundo*. Disponível em: <http://pt.scrib.com/doc/123635/Evolucao-da-Internet-no-Brasil-e-no-mundo>. Acesso em: 23.8.2013.

(25) WIKIPÉDIA, a enciclopédia livre. *Evolução da internet no Brasil e no mundo*. Disponível em: <http://pt.scrib.com/doc/123635/Evolucao-da-Internet-no-Brasil-e-no-mundo>. Acesso em: 23.8.2013.

(26) WIKIPÉDIA, a enciclopédia livre. *Evolução da internet no Brasil e no mundo*. Disponível em: <http://pt.scrib.com/doc/123635/Evolucao-da-Internet-no-Brasil-e-no-mundo>. Acesso em: 23.8.2013.

CUNHA, Lilian. Negócios: atenção: você está sendo observado. *O Estado de S. Paulo*, São Paulo, out. 2012.

FUSCO, Camila. A intrusa chamada Apple. Tecnologia mobilidade. *Revista Exame*, ano 43, n. 6, ed. 940, abr. 2009.

GRINOVER, Ada Pellegrini *et al*. *Código brasileiro de defesa do consumidor comentado pelos autores do anteprojeto*. Rio de Janeiro: Forense Universitária, 1991.

MARQUES, Cláudia Lima; LOPES, José Reinaldo de Lima; PFEIFFER, Roberto Augusto Castellanos. *Saúde e responsabilidade:* seguros e planos de assistência privada à saúde. São Paulo: Revista dos Tribunais, 1999.

MARTINS, José de Sousa. Sem lenço, sem documento. Trabalhadores sobreviventes da invasão eletrônica não incluem em suas demandas a degradação sofrida com a concorrência da máquina. *O Estado de S. Paulo*, São Paulo, out. 2011.

MATIAS, Alexandre. Impressão digital: o futuro das duas empresas que inventaram o presente. *O Estado de S. Paulo*, São Paulo, 29 out. 2012.

PADUAN, Roberta. Para onde vai o consumo. Especial consumo. *Revista Exame*, ano. 43, n. 6, ed. 940, abr. 2009.

***Sites* consultados:**

Disponível em: <https://anatel.gov.br>. Acesso em: 28.3.2014.

Disponível em: <https://ibge.gov.br>. Acesso em: 28.3.2014.

Disponível em: <http://www.teleco.com.br/mapas_fixo.html>. Acesso em: 11.11.2013.

Disponível em: <http://www1.folha.uol.com.br/2014/03/1430894-camara-aprova--marco-civil-da-internet.shtml>. Acesso em: 26.3.2014.

Recém-aprovado pela Câmara, marco civil da internet já gera interpretações diversas. Disponível em: <http://www2.camara.leg.br/camaranoticias/noticias/COMUNICACAO/464877-RECEM-APROVADO-PELA-CAMARA,-MARCO--CIVIL-DA-INTERNET-JA-GERA-INTERPRETACOES-DIVERSAS.html>. Acesso em: 2.4.2014.

WIKIPÉDIA, a enciclopédia livre. *Evolução da internet no Brasil e no mundo.* Disponível em: <http://pt.scribd.com/doc/123635/Evolucao-da-Internet-no--Brasil-e-no-Mundo>. Acesso em: 23.8.2013.

A Tributação do ICMS nas Operações de Comércio Eletrônico e os Impactos Jurídicos da Tecnologia — Breves Análises

Anis Kfouri Júnior(*)

Este trabalho é fruto das considerações iniciais abordadas por ocasião do Congresso de Direito e Tecnologia, promovido pela OAB-SP Subseção Tatuapé, sob a organização dos advogados Dr. Leopoldo Luis Lima Oliveira e Dra. Andreia Rocha Feitosa, coordenadora do evento, onde tive a oportunidade de tratar, em breve análise, sobre os vários impactos que as mudanças cibernéticas estão causando no Direito Tributário.

(*) Sócio da Kfouri Advogados. Doutorando em Direito de Estado pela USP. Mestre em Direito Político e Econômico pela Universidade Mackenzie. Aperfeiçoamento em Direito Administrativo pela *Université Lyon III* (França) e em Direito Constitucional pela *Harvard Law School.* Especialista em Comércio Exterior pela Aduaneiras. Aperfeiçoamento em Gestão de Tributos e Contabilidade pela Faculdade Trevisan. Professor do curso de Direito da FMU e diversos cursos de pós-graduação. Autor do livro *Curso de Direito Tributário*, Saraiva. Conselheiro da Associação Comercial de São Paulo. Membro do Comitê Tributário da Câmara de Comércio Brasil-França. Conselheiro do Conselho Municipal de Tributos de SP (2006-2010). Secretário do Conselho Curador da Escola Superior de Advocacia — ESA (2010-2012). Membro da Comissão de Exame de Ordem e Conselheiro Estadual da OAB/SP.

Com a nova realidade tecnológica, todos os nossos comportamentos, meios de comunicação, registros e, por consequência, a tributação estão sofrendo impactos diários. Basta observarmos o clássico exemplo do telefone celular, que, nos dias atuais, sequer sendo chamado de telefone, mas apenas de celular, uma vez que a função "telefone" passou a ser apenas mais uma, dentre tantas outras. Aliás, ele faz tanta coisa, que, por coincidência, é telefone.

A informatização, no campo tributário, trouxe também consequências na forma da tributação e no controle das operações, a exemplo das notas fiscais eletrônicas, das declarações digitas e de uma série de novos métodos e procedimentos que, muitas vezes, ao invés de facilitar a vida do contribuinte, acabam por criar uma nova burocracia, levando-a apenas para o campo digital, além de situações em que temos verdadeiras violações aos direitos e garantias dos contribuintes.

Aliás, guardadas as proporções, o mesmo ocorre com a nova tendência de agendamento eletrônico para o atendimento ao cidadão no serviço público, apresentada como vantagem, permitindo um rápido atendimento. Contudo, não bastasse se tratar de um novo procedimento adicional a dificultar o acesso do cidadão ao atendimento, a data agendada, não raramente, é tão distante, que, em realidade, a tecnologia acabou apenas criando mais burocracia. Transformou a visível fila de usuários aguardando na porta de uma repartição pública em uma longa fila invisível de usuários aguardando em sistemas eletrônicos. Mas o problema em si não foi resolvido. Afinal, a tecnologia apenas organiza, mas não resolve os problemas, *de per si*.

Na esfera tributária, graças aos bilhões de cruzamentos de dados diários, milhares de autuações fiscais são lavradas eletronicamente, criando, nesse mesmo contexto, verdadeiras aberrações de imposições tributárias sobre operações e montantes irreais, por meros erros de preenchimento de dados ou situações específicas que não foram "parametrizadas" pelo "sistema", gerando a necessidade de uma correta intervenção jurídica para afastar a cobrança de tais créditos tributários, sob pena de se tornarem efetivamente devidos, na medida em que — mesmo lavrados por um computador —, por serem considerados atos administrativos, gozam da presunção jurídica de certeza e legitimidade (ainda que de forma relativa), permitindo sua exigibilidade por meio de execução fiscal.

Feitas essas considerações preliminares, direcionaremos nossa análise, a partir daqui, à questão pontual sobre a tributação do ICMS nas operações de comércio eletrônico.

Inicialmente devemos registrar que o comércio eletrônico não mudou, efetivamente, a natureza jurídica das operações, criando apenas uma nova forma de comunicação entre compradores e vendedores, por meio de um canal facilitador: a internet.

Com isso, uma pessoa física que pretendia vender seu veículo usado para comprar um novo, se antes se valia exclusivamente de feiras de automóveis, anúncios em jornais e lojas, atualmente, com os sites e aplicativos de internet, passou a contar com um elemento de abrangência bem mais ampla. Mas a operação jurídica de compra e venda do carro, contudo, continua sendo a mesma. Por se realizar entre particulares e sendo uma comercialização não habitual do vendedor, estará sujeita ao Código Civil, e não ao Código de Defesa do Consumidor (exceto se for um comerciante habitual), e não estará sujeita ao pagamento de ICMS, uma vez que se trata da venda de um bem pessoal, não se enquadrando na hipótese de incidência tributária.

Contudo, nas operações realizadas por empresas comerciais, a compra e venda de uma mercadoria constitui uma operação própria, pouco importando se realizada por meio da internet ou adquirida diretamente no balcão de uma loja. Sob o enfoque contratual, as duas operações configuram a mesma modalidade (compra e venda), embora possam estar sujeitas à determinadas particularidades, como o consentimento na contratação nas compras à distância, a possibilidade de devolução e desistência, entre outros aspectos. Mas, regra geral, serão sempre um contrato de compra e venda.

Sob o enfoque tributário, de igual forma teremos a mesma operação tributável, abrangendo o ICMS, previsto no art. 155 da Constituição Federal, em função da ocorrência do fato gerador, ou seja, a circulação da mercadoria.

Se por um lado é verdade que a operação estará sujeita ao mesmo imposto, não podemos afirmar que a tributação será a mesma, podendo variar de acordo com a localização e característica jurídica do comprador, em função da legislação do estado em que estiver localizado o vendedor e de uma série de outros fatores previstos por leis estaduais, convênios e resoluções, dentre outros normativos.

Muito embora a questão possa alcançar grande complexidade, ensejando a análise de cada situação em particular, passaremos a expor de maneira resumida a sistemática de funcionamento do ICMS, de maneira a permitir ao leitor uma compreensão clara da questão.

Nesta etapa, cumpre registrarmos que são elementos de tributação: a) a renda auferida (ex.: Imposto sobre a Renda — IR); b) a renda despendida (ex.: Imposto sobre Circularização de Mercadorias e Serviços — ICMS); c) a renda acumulada (ex.: Imposto Predial e Territorial Urbano — IPTU).

No que tange à tributação sobre o consumo, o Brasil adotou um complexo imposto sobre a circulação de mercadoria, atribuindo competência aos estados e DF para a instituição do ICMS, com sistema plurifásico e não cumulativo.

Vale lembrar que os impostos representam tributos não vinculados, conforme registra Nelson Trombini Júnior, ao afirmar que:

> "A Constituição de 1988 elencou diversas materialidades não vinculadas a uma atuação estatal passíveis de tributação pelas pessoas jurídicas de direito público interno em normas de estruturas atributivas de competência impositiva. Toda vez que o fez, denominou tais prestações pecuniárias não sancionatórias de ato ilícito de impostos", concluindo que "são tributos condicionais não vinculados [...] os impostos estaduais/distrital arrolados no art. 155 da CF".(1)

Considerando que esse imposto é devido em todas as fases, partindo da aquisição dos insumos até a venda do produto final, e considerando as diferenças e características regionais do Brasil, criou-se um mecanismo constitucional complexo, visando equilibrar, sob o enfoque da distribuição da arrecadação, os valores devidos a título de ICMS, nas operações em que a mercadoria comercializada percorra dois ou mais estados.

Dessa forma, adotou-se para o ICMS a tributação de forma plurifásica e não cumulativa. Sobre essas duas metodologias, tivemos a oportunidade de esclarecer, em obra anterior, nos seguintes termos:

> "A apuração do ICMS se dá, regra geral, mediante a escrituração de créditos (que são adquiridos na compra de mercadorias no próprio Estado ou não) e de débitos (registrado por ocasião das saídas tributáveis, por exemplo, venda), sendo que, ao final do período, procede-se ao 'encontro de contas', apurando-se o total a recolher. Se houver mais débitos, então o contribuinte tem que realizar o pagamento do imposto. Se houver mais créditos, o contribuinte não necessita desembolsar recursos para pagamento do imposto, ficando com crédito para o período seguinte."(2)

Apresentaremos, a seguir, alguns cenários para melhor exemplificar a questão.

---

(1) TROMBINI JÚNIOR, Nelson. *As espécies tributárias na Constituição Federal de 1988*. São Paulo: MP, 2006. p. 110.

(2) KFOURI JR., Anis. *Curso de direito tributário*. 2. ed. São Paulo: Saraiva, 2012. p. 441-442.

Suponhamos uma operação em que o comprador e o vendedor estejam localizados no mesmo estado: toda a tributação seguirá a lei do ICMS daquele ente federativo unicamente, não havendo grande repercussão, uma vez que todos os valores serão devidos ao mesmo sujeito ativo na relação tributária, ou seja, ao governo de um único estado.

Contudo, caso o comprador esteja situado em um estado (A) e o comprador em outro (B), logo teremos uma discussão em relação a quem pertencerá o imposto, se para o estado A ou para o estado B.

Dessa forma, quando as operações abrangem dois ou mais estados da Federação, a questão da divisão do ICMS toma dimensão mais ampla, fazendo com que o legislador Constituinte criasse um mecanismo específico, com a adoção de alíquotas de ICMS diferenciadas (não equitativas) para operações interestaduais, como forma de matematicamente "equilibrar" as diferenças regionais econômicas e produtivas.

Tal previsão está contida nos incisos IV e seguintes do § 2º do art. 155 da CF, conferindo à Resolução do Senado Federal a função de estabelecer as alíquotas interestaduais, nos seguintes termos:

> Art. 155. Compete aos Estados e ao Distrito Federal instituir impostos sobre:
>
> II — operações relativas à circulação de mercadorias e sobre prestações de serviços de transporte interestadual e intermunicipal e de comunicação, ainda que as operações e as prestações se iniciem no exterior.
>
> § 2º O imposto previsto no inciso II atenderá ao seguinte:
>
> IV — resolução do Senado Federal, de iniciativa do Presidente da República ou de um terço dos Senadores, aprovada pela maioria absoluta de seus membros, estabelecerá as alíquotas aplicáveis às operações e prestações, interestaduais e de exportação;
>
> V — é facultado ao Senado Federal:
>
> a) estabelecer alíquotas mínimas nas operações internas, mediante resolução de iniciativa de um terço e aprovada pela maioria absoluta de seus membros;
>
> b) fixar alíquotas máximas nas mesmas operações para resolver conflito específico que envolva interesse de Estados, mediante resolução de iniciativa da maioria absoluta e aprovada por dois terços de seus membros;
>
> VI — salvo deliberação em contrário dos Estados e do Distrito Federal, nos termos do disposto no inciso XII, "g", as alíquotas internas, nas operações

relativas à circulação de mercadorias e nas prestações de serviços, não poderão ser inferiores às previstas para as operações interestaduais.

A resolução mencionada, por sua vez, estabeleceu a aplicação de duas alíquotas interestaduais: de 7% e de 12%, cuja aplicação varia conforme o destino e destinatário da mercadoria.

Quando a mercadoria for destinada aos estados do Sul e Sudeste do Brasil, será devida a alíquota de 12%, que pertencerá ao estado de origem, sendo que o estado de destino ficará com a diferença entre os 12% e sua alíquota interna, gerando uma arrecadação em torno de 6% para este último.

Quando a mercadoria for destinada aos estados do Norte, Nordeste, Centro-Oeste e Espírito Santo, a alíquota aplicável será de 7%, que ficará com o estado do vendedor, cabendo aos estados destinatários a diferença entre 7% e suas alíquotas internas, gerando uma arrecadação em torno de 10% para estes últimos.

A título de exemplo, em uma operação SP-BA, São Paulo ficará com 7%, e a Bahia, com 10%, aproximadamente. Na operação inversa BA-SP, o estado da Bahia ficará com 12%, e São Paulo, com 6%, aproximadamente[(3)].

Mas a questão é mais complexa, visto que a regra que acabamos de expor somente é aplicável quando o comprador e o vendedor forem contribuintes do ICMS, como, por exemplo: "um atacadista vendendo para um varejista de outro estado".

Entretanto, quando a venda for realizada para um não contribuinte (consumidor final, por exemplo), a regra mencionada não é válida, aplicando-se a tributação exclusivamente no estado do vendedor, não havendo partilha com o estado de domicílio do comprador, até mesmo porque o estado do comprador não terá condições de verificar a transação realizada, na medida em que o comprador pessoa física, por exemplo, não escritura livros, não emite notas fiscais e nem está sujeito a qualquer controle da Fazenda Pública do seu estado, por não ser contribuinte do ICMS.

Tal regra está prevista no inciso VII do § 2º do art. 155 da Carta Maior, que assim dispõe:

> VII — em relação às operações e prestações que destinem bens e serviços a consumidor final localizado em outro Estado, adotar-se-á:

---

(3) KFOURI JR., Anis. *Curso de direito tributário.* 2. ed. São Paulo: Saraiva, 2012. capítulo 18.2.2 (sobre critérios de apuração e formas de cálculo do ICMS).

a) a alíquota interestadual, quando o destinatário for contribuinte do imposto;

b) a alíquota interna, quando o destinatário não for contribuinte dele.

Assim, verifica-se que a tributação de um mesmo produto, enviado para um mesmo estado, pode sofrer diferente tributação a depender da condição do destinatário: a) se contribuinte do ICMS, o imposto será partilhado entre os estados de origem e destino; b) se não contribuinte do ICMS, o imposto será devido exclusivamente ao estado de origem.

Vale lembrar que esse critério de repartição, foi fixado em 1988, por ocasião, da promulgação da nossa Constituição, época em que a internet estava longe de ser conhecida e utilizada como nos dias atuais, ensejando uma fotografia daquela época, tanto dos critérios de repartição quanto de desenvolvimento econômico. Também naquela ocasião não existia, por incrível que pareça, o Código de Defesa do Consumidor, que criou um foro privilegiado, por exemplo, ao admitir que o consumidor pudesse propor a ação no foro de seu domicílio, e não no domicílio do "réu", entre outras características.

Portanto, no passado, o consumidor teria que fazer uma ligação interurbana (com custos altíssimos naquela época) para realizar uma compra que, se gerasse problema, o obrigaria a se dirigir ao outro estado para propor uma ação (domicílio do réu).

Com o advento da internet, a mesma compra passou a ser realizada por meio de um "clique" no computador, sem qualquer custo de ligação interurbana. Mais ainda, com o advento do Código de Defesa do Consumidor estabeleceu-se o foro privilegiado para o comprador, que, em caso de ocorrência de problemas, poderia ingressar com a ação em sua própria cidade (domicílio do autor).

Se antes comprar em outro estado era custoso e inseguro, com a internet e o Código do Consumidor, tornou-se mais barato e seguro, estimulando esse novo comportamento.

As empresas comerciais, nesse contexto, graças a um amplo sistema de logística, passaram a comercializar para todo o país, ainda que com apenas um único estabelecimento, situado em um estado somente.

Na esfera tributária, a consequência foi a consequente migração da tributação.

Na hipótese de venda ao consumidor final, por exemplo, se antes a tributação se dava em cada uma das inúmeras lojas físicas, situadas em distintos pontos do território nacional e abrangendo diversos estados, com o novo mecanismo de comércio eletrônico, a tributação nessa mesma operação passou a incidir exclusivamente no estado onde estiver situado o estabelecimento físico do vendedor, pouco importando o estado de destino das mercadorias.

Diante dessa nova realidade, a discussão acerca do local de incidência do ICMS nas operações interestaduais com destino a "não contribuinte" entrou na pauta das questões tributárias.

Não pretendemos, neste trabalho, promover uma análise quanto aos ajustes necessários, e se necessários, em função de uma série de fatores que devem ser levados em consideração, para uma adequada definição.

Pretendemos, contudo, demonstrar ao leitor o impacto prático e direto que as evoluções tecnológicas e comportamentais vêm ensejando ao Direito Tributário, trazendo novas questões a serem enfrentadas.

Conclusão

Podemos concluir que a inovação tecnológica também tem consequências na área tributária, seja na estrutura das obrigações acessórias (declaração, nota fiscal eletrônica etc.), seja na própria composição do tributo que incidirá e a forma de sua apuração, trazendo novos desafios ao Direito Tributário.

Como demonstramos, uma mesma mercadoria poderá estar sujeita a diferente tributação se a transação for realizada em uma loja física ou em uma loja virtual, mudando completamente a carga tributária incidente sobre o mesmo produto, afetando inclusive políticas de incentivos fiscais.

A dependência da sociedade das novas tecnologias também não passou incólume, e cada vez mais estamos criando amarras a esses sistemas, sem prever as consequências advindas.

Como dissemos, os sistemas eletrônicos não têm a dádiva de resolver os problemas, apenas os organizam e podem, por vezes, camuflá-los. Filas não acabam, somente são digitalizadas.

Além disso, não é demais lembrarmos que são os sistemas eletrônicos que devem atender à necessidade humana, muito embora verificamos que o poder público os utilize em sentido inverso, condicionando os direitos do cidadão à sua conformação às novas tecnologias. Como nos filmes de ficção, não me parece impossível que, num futuro não tão distante, a pessoa que não possuir seu CPF regular não conseguirá sequer comprar água para beber.

Temos um claro exemplo desse cenário na formulação do processo judicial eletrônico, a violar dispositivos constitucionais em nome da tecnologia; a impor a exigência de sistemas privados para acesso ao poder público; a excluir da atuação processual advogados sem conhecimento em informática, como se a revogar suas licenças profissionais por via oblíqua, entre tantas outras claras violações.

Portanto, novos cenários estão sendo criados, de forma que a sociedade e os membros da comunidade jurídica devem refletir sobre as consequências futuras das mudanças atuais e quais seus limites, sob pena de criarmos um estado de exceção, a exemplo do filme *Eu, robô*, onde a lógica do sistema acaba por violar direitos e garantias individuais.

Referências

KFOURI JR., Anis. *Curso de direito tributário*. 2. ed. São Paulo: Saraiva, 2012.

TROMBINI JÚNIOR, Nelson. *As espécies tributárias na Constituição Federal de 1988*. São Paulo: MP, 2006.

Certificado Digital: o Documento de Identificação da Atualidade

Leonardo Gonçalves(*)

I. Certificado digital: o documento de identificação da atualidade

Por conta do avanço da tecnologia e da necessidade cada vez maior de atribuir autoria de forma segura e inquestionável nas transações no mundo eletrônico, o Certificado Digital tornou-se indispensável na rotina pessoal e profissional de milhões de brasileiros. Tanto que, nos dias de hoje, o Brasil é líder em Certificação Digital na América do Sul e exporta essa tecnologia para outros países da América e Europa.

Trata-se de um documento eletrônico que utiliza a Certificação Digital para identificar pessoas, empresas e computadores, sendo uma tecnologia que, por meio da criptografia de dados, garante autenticidade, confidencialidade, integridade e não repúdio às informações eletrônicas.

Para simplificar, ele é o RG do mundo eletrônico, com a vantagem de não ser falsificável, pois para a sua emissão é realizado um rigoroso processo

(*) Formado em Ciências da Computação e pós-graduado em Gestão de Negócios pela Universidade Paulista (UNIP), Leonardo Gonçalves exerce a função de gerente comercial da Autoridade Certificadora Certisign desde 2009.

de conferência das informações apresentadas pelo solicitante, chamado de titular. E o seu uso está atribuído a senhas pessoais e intransferíveis.

Por que todo esse cuidado? A cada utilização do Certificado Digital é gerada uma assinatura digital com a mesma validade jurídica da manuscrita, garantida pela legislação brasileira. Ou seja: o que for feito mediante seu uso não poderá ser questionado, pois ele é exclusivo e intransferível, assim como os documentos físicos. Ao utilizá-lo, você concorda e assume que realizou tal ato.

Sendo assim, estamos tratando de um documento de identificação no mundo eletrônico que permite ao titular realizar diversos serviços nessa esfera, com validade jurídica, agilidade, facilidade de acesso e substancial redução de custos. E é por isso que, nos dias atuais, muitos processos exigem o seu uso. Afinal, estamos abordando uma tecnologia ágil, segura e sustentável.

II. Benefícios do certificado digital

Praticidade, segurança, redução de custos e sustentabilidade. Se esta sentença fosse uma equação, o resultado seria Certificado Digital. Para os benefícios ficarem mais "palpáveis", os descreverei a seguir, em tópicos.

Praticidade

Atualmente, diversos serviços que antes obrigavam a presença física estão disponíveis no meio eletrônico mediante o uso dessa tecnologia. A Receita Federal do Brasil, por exemplo, possibilita o acesso ao e-CAC, consulta ao histórico da Declaração do Imposto de Renda e resolução de diversas pendências via web. Sem a necessidade de deslocamentos até um posto de atendimento.

Outra praticidade é a assinatura digital. Você pode utilizar o Certificado Digital, padrão ICP-Brasil[1], para assinar qualquer tipo de documento, como contratos, atas, procurações, entre outros. Com apenas alguns cliques, no local e no momento mais oportuno.

(1) ICP-Brasil — Infraestrutura de Chaves Públicas Brasileira: é um conjunto de normas e regulamentações que estabelece a Certificação Digital no Brasil.

A validade jurídica dos documentos eletrônicos assinados de forma digital está garantida na legislação brasileira, que concede à assinatura digital a mesma equivalência jurídica da assinatura manuscrita, por ser criada a partir do uso de um Certificado Digital ICP-Brasil.

Para assinar digitalmente é necessário acessar uma plataforma específica para essa finalidade. Existem diversas soluções no mercado para autônomos, pequenas, médias e grandes empresas. Quando for escolher, opte por sistemas desenvolvidos por autoridades certificadoras consolidadas no mercado.

Com esses recursos, o titular do Certificado Digital pode se relacionar no meio eletrônico com segurança e rapidez, sem precisar sair de casa ou do escritório e com apenas alguns cliques.

Segurança

O Certificado Digital, além de estar sob controle do Instituto Nacional de Tecnologia da Informação (ITI), autarquia vinculada à Casa Civil da Presidência da República, tem sua segurança garantida por uma complexa estrutura de criptografia, que garante a idoneidade dos dados. E esta estrutura tecnológica é embasada legalmente, tendo sua emissão gerenciada pelo ITI.

Alguns exemplos de segurança nas transações com essa certificação:

> **Autenticação em *sites*** — o Certificado Digital substitui o *login* e senha em diversos portais e em alguns, inclusive, é exigido como forma de identificação. Isso garante muito mais segurança ao titular, que não corre o risco de ter os dados interceptados por terceiros e utilizados para realizar transações indesejadas, já que o roubo de usuário e senha é muito comum no meio eletrônico. Outro ponto positivo é que extingue a necessidade do solicitante criar a cada cadastro um *login* e uma senha, passando a utilizar apenas uma senha, onde esta certificação digital for aceita.

É importante ressaltar que a exigência do Certificado Digital para acesso a serviços ou na realização de algumas transações garante muita segurança ao usuário, pelo fato de inibir que terceiros possam agir como falsários e utilizar sua identidade para atos não autorizados.

> **Assinatura digital** — é resultado de uma operação matemática e não pode ser alterada ou transferida. Cada assinatura digital é

única e exclusiva para cada documento assinado. Ou seja: se o documento eletrônico que você assinou sofrer qualquer tipo de alteração, ele perde totalmente a validade jurídica.

Redução de custos

Para entender a redução de custos relacionada ao uso do Certificado Digital, basta fazer uma simples reflexão. Com a praticidade e possibilidade de realizar diversos serviços na esfera eletrônica com validade jurídica, elimina-se:

- a necessidade de compra, impressão, manuseio e armazenamento de papel;
- autenticações adicionais;
- gastos com o transporte de documentos;
- gastos relacionados a deslocamentos.

Sustentabilidade

Sem o uso de papel e deslocamentos, o meio ambiente é preservado.

III. O certificado digital na rotina dos advogados

O peticionamento eletrônico, na prática e em resumo, significa que o advogado não precisará mais ir até o fórum para assinar petições ou consultar autos, por exemplo. Por meio do computador, com conexão à internet e utilizando um Certificado Digital ICP-Brasil, ele consegue assinar e tramitar, sem a necessidade de locomoção, impressão de documentos e autenticação adicionais.

Os benefícios se cruzam com os mesmos para os titulares do Certificado Digital não advogados. Listo a seguir alguns deles atrelados à rotina dos profissionais de advocacia.

• Permite a consulta aos autos e tramitação 24 horas por dia. Horário não condicionado ao funcionamento dos fóruns.

• Colabora para a organização, facilitando a transferência e localização de documentos. Além disso, diminui o risco de extravios de processos.

• Extingue a necessidade de deslocamentos para assinaturas presenciais e autenticações adicionais, o que reduz custos e tempo.

• O procedimento para peticionar de forma eletrônica é de 50% a 60% mais rápido do que o processo em papel.[2]

Reduz custos relacionados à compra, impressão, manuseio e armazenamento de papel e ao mesmo tempo contribui para a preservação do meio ambiente.

IV. Quando tudo começou: o marco regulatório da Certificação Digital no Brasil

Em 2001, o governo federal regulamentou a Certificação Digital por meio da Medida Provisória n. 2.200-2, que confere validade jurídica aos documentos eletrônicos e institui a infraestrutura de Chaves Públicas Brasileira — ICP-Brasil.

> Art. 1º Fica instituída a infraestrutura de Chaves Públicas Brasileiras — ICP-Brasil para garantir a autenticidade, a integridade e a validade jurídica de documentos em forma eletrônica, das aplicações de suporte e das aplicações habilitadas que utilizem Certificados Digitais, bem como a realização de transações eletrônicas seguras.[3]

Infraestrutura de Chaves Públicas Brasileiras — ICP-Brasil

A ICP-Brasil é formada por uma autoridade gestora de políticas, chamada comitê gestor, e pela cadeia de Autoridades Certificadoras.

---

(2) GOUVEIA, Júlia. A era digital chega aos tribunais. *Revista Veja*, São Paulo, ago. 2013.

(3) Medida Provisória n. 2.200-2, de 24 de agosto de 2001.

O comitê gestor é quem estabelece as normas da ICP-Brasil e aprova políticas e diretrizes para a Certificação Digital. É também função dele a definição de normas técnicas e regras operacionais para a emissão dos Certificados Digitais, além da atualização, revisão e ajustes de práticas e procedimentos.

A coordenação do comitê gestor da ICP-Brasil é exercida pelo representante da Casa Civil da Presidência da República. Para compor o comitê são designados representantes da sociedade civil, integrantes dos setores interessados no tema, funcionários designados pelo Presidente da República e representantes de Ministérios e outras autarquias, como Ministério da Ciência e Tecnologia e Gabinete da Segurança Institucional da Presidência da República.

Já a cadeia de Autoridades Certificadoras é composta pela Autoridade Certificadora Raiz (AC Raiz), pelas Autoridades Certificadoras (AC) e pelas Autoridades de Registro (AR).

O que faz cada uma dessas "Autoridades"?

A primeira da cadeia de Certificação Digital é a Autoridade Certificadora Raiz (AC Raiz) da ICP-Brasil, que é o Instituto Nacional de Tecnologia da Informação (ITI). A AC Raiz é a responsável por executar as políticas e as normas técnicas e operacionais para os Certificados Digitais brasileiros, portanto não emite o Certificado Digital para o usuário final.

Desse modo, suas funções são: expedir, distribuir, gerenciar e fiscalizar os Certificados Digitais das Autoridades Certificadoras (AC) e das Autoridades de Registro (AR), que estão abaixo do seu nível hierárquico, respectivamente.

A AC é a autoridade que irá emitir os Certificados Digitais para o usuário final. É composta por entidades credenciadas pela AC Raiz. A última no processo é a AR. Esta tem a função de identificar e cadastrar os usuários em pontos de atendimento. Esses dados são encaminhados à AC, que dará andamento à emissão do Certificado Digital.

Figura 1: Estrutura da ICP Brasil

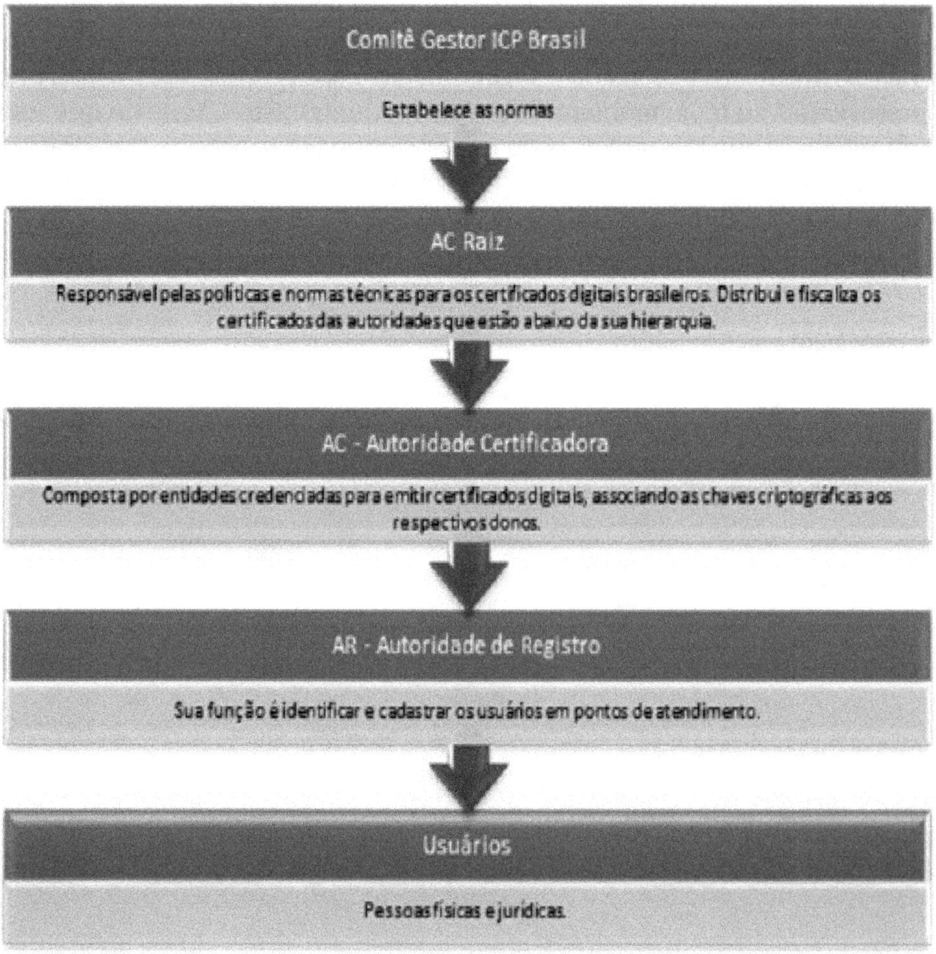

Fonte: Elaborada pelo autor.

V. Conclusão

Conclui-se que, devido à segurança e benefícios, a tecnologia da Certificação Digital fará, cada dia mais, parte da rotina de pessoas físicas e de empresas. A adoção da tecnologia significa para o usuário a entrada em uma nova era, muito mais ágil, segura e econômica. É fato que ainda temos que trabalhar, e muito, para conscientizar a população geral e as organizações sobre os benefícios de utilizar a Certificação Digital. Mas, aos poucos, acredito que a adesão aumentará. Muito provavelmente pelas obrigatoriedades, pois o governo e algumas instituições, como a OAB, já identificaram e entenderam os reais benefícios de integrar a tecnologia em seus processos. Mas existe um novo mercado a se conquistar: o das pessoas que prezam pela preservação do meio ambiente e buscam reduzir custos. Mais do que isso, um mercado que busca deixar de gastar tempo em processos burocráticos para investir no que realmente interessa: vida pessoal, família, ampliação do negócio, estabilidade financeira etc.

Referências

GOUVEIA, Júlia. A era digital chega aos tribunais. *Revista Veja,* São Paulo, ago. 2013.

Internet das Coisas
[IoT – Internet of Things]

EDISON SPINA(*)
JOSÉ ROBERTO AMAZONAS(**)

I. INTRODUÇÃO

Há alguns anos, o número de máquinas que se comunicavam utilizando a internet superou o de pessoas que se conectavam através da internet, quer seja pessoa-pessoa (conversas) ou pessoa-máquina (navegação em páginas *web*, consultas, etc.). Isso significa que muitas informações são processadas por meio de máquinas sem, necessariamente, um ser humano estar conectado.

Um exemplo simples é imaginar os códigos de barras das encomendas despachadas — "as coisas" — sendo lidos por equipamentos localizados em pontos estratégicos e informando essas posições geográficas/gerenciais

(*) Professor Doutor do Departamento de Engenharia de Computação e Sistemas Digitais, Laboratório de Engenharia de Conhecimento. Escola Politécnica da Universidade de São Paulo. Centro de Estudos Sociedade e Tecnologia — USP. *E-mail:* spina@usp.br.

(**) Professor associado do Departamento de Engenharia de Telecomunicações e Controle da Escola Politécnica da Universidade de São Paulo. *E-mail:* jra@lcs.poli.usp.br.

aos sistemas de dados, que são usados para controlar o seu fluxo por outras máquinas ou serem consultados por interessados em localizar suas encomendas.

Em alguns casos, esses códigos de barras evoluíram, tornando-se equipamentos com capacidade de processamento que podem não somente serem lidos, mas também armazenar informações, receber comandos ou comandar sistemas. Esses equipamentos, todos interligados via Internet, formam a estrutura chamada de "Internet das coisas" ou IoT, do inglês — *Internet of Things*.

A vida das pessoas esta se alterando em função desse fenômeno há algum tempo, mas simplesmente não se percebe claramente isso ainda. O telefone celular informa ao sistema de telefonia o local em que uma pessoa se encontra, a qualquer momento, pois funciona como uma etiqueta inteligente anexada à pessoa, que pode enviar e receber informações, processar dados, etc.

Quando um veículo passa pelo sistema de pedágios com cobrança automática, por exemplo, também utiliza-se a tecnologia de Internet das Coisas. O veículo se identifica ao ser "lido" pela "etiqueta" colocada nele. O sistema o reconhece, verifica seu crédito, faz a cobrança e libera sua passagem, tudo sem a intervenção humana.

II. Definição da internet das coisas

Definições da Internet das Coisas apareceram em abundância, usualmente estruturadas para veicular alguma noção fantasiosa do que a tal internet pode oferecer. Como base para se considerar uma construção realista dessa rede, é necessária uma proposição mais incisiva. O conceito de Internet das Coisas ainda está sendo definido, apesar do fato de estar evoluindo há praticamente uma década.

Esse conceito, conforme determinado pelo projeto CASAGRAS, é o seguinte:

> Uma infraestrutura de rede global, interligando objetos físicos e virtuais por meio da exploração de captura de dados e capacidades de comunicação. Essa infraestrutura inclui a Internet existente e em evolução, bem como os desenvolvimentos de rede. Ela oferecerá

> identificação específica de objeto, capacidade de sensoriamento e de conexão como base para o desenvolvimento de aplicações e serviços independentes cooperativos que serão caracterizados por um elevado grau de captura autônoma de dados, transferência de eventos, conectividade e interoperabilidade de rede.[1]

O conceito IoT baseou-se inicialmente em tecnologias habilitadoras, como a Identificação por Radiofrequência (RFID) ou redes sem fio de sensores e atuadores (*Wireless Sensor and Actuator Networks* — WSAN), mas atualmente cobre uma grande variedade de dispositivos com diferentes capacidades de computação e comunicação — genericamente designados por *Networked Embedded Devices* (NED). Originando-se de aplicações como o gerenciamento de cadeia de suprimentos e logística, a IoT agora visa obter múltiplos domínios, incluindo automação, energia, *e-health*, etc. Ideias mais recentes levaram a IoT a uma visão mais abrangente para integrar o mundo real na internet — a *Real World Internet* (RWI). Espera-se que a RWI e a IoT venham a colaborar com outros conceitos emergentes, como a Internet de Serviços (*Internet of Services* — IoS), e com blocos construtivos de outros esforços paralelos, como o da Internet da Energia (*Internet of Energy* — IoE), que deverá revolucionar a infraestrutura de energia ao abarcar a IoS e a IoT/RWI. É claro que a IoT terá um impacto muito forte sobre a forma de interação entre o mundo virtual e o físico, contribuindo de maneira geral para o esforço da Internet do Futuro[2].

Ao se considerar aplicações e serviços no âmbito da Internet das Coisas, é importante distinguir soluções que nitidamente dependem de uma funcionalidade do tipo internet como distintas de soluções localizadas que exploram capacidades convencionais de controle e processamento. Dada a natureza do espaço de objetos e a difusão evolucionária da capacidade de processamento embutida para o mundo físico, podem ser identificadas oportunidades para aplicações que se estendem dos serviços pessoais nos ambientes domésticos, corporativos, públicos e de cidades, regionais, ambientais e até serviços e aplicações nacionais, continentais e internacionais.

Há muitas redes: nas casas, nos negócios, dentro de ambientes, construídas em instalações públicas e privadas, ambientais, nacionais e internacionais, à disposição de serviços colaborativos internacionais relacio-

---

(1) Disponível em: <http://www.rfidglobal.eu/userfiles/documents/CASAGRAS26022009.pdf>. Acesso em: 1º.9.2014.

(2) Disponível em: <http://rwi.futureinternet.eu/images/c/c3/Real_World_Internet_Position_Paper_vFINAL.pdf>. Acesso em: 1º.9.2014.

nados à movimentação de mercadorias, pessoas e informação. O conjunto é virtualmente ilimitado[(3)(4)]. No entanto, deve haver uma justificativa para interligar redes para distinguir uma IoT de redes isoladas.

III. Aplicações

Qualquer um pode facilmente constatar que as pessoas estão rodeadas por tecnologias inovadoras aplicadas aos mais diferentes segmentos de atividade. Elas estão presentes na agricultura, na medicina, no transporte, no entretenimento, etc. No entanto, as tecnologias de comunicação sobressaem, pois há uma inundação de terminais móveis sendo utilizados para enviar textos, ouvir música, assistir filmes e até conversar. Estar conectado se tornou quase um sinônimo de estar vivo, e a existência de fatos passou a estar condicionada ao seu registro nas redes sociais. Isso mostra que as novas tecnologias influenciam de forma decisiva a vida do cidadão, e seus impactos não podem ser ignorados. Nesse contexto, o novo paradigma das comunicações é a Internet das Coisas, que é a extensão para o mundo real, físico, da internet convencional. Na internet convencional, as mais diferentes informações estão armazenadas em computadores ao redor do mundo. Trata-se de um mundo completamente virtual em que se navega ou se interage com páginas acessadas por meio de hiperlinks. Na IoT, os objetos são identificados, e tal reconhecimento pode ser lido por meios automatizados. A partir disso, os objetos físicos passam a ter uma representação individualizada no meio virtual.

Um objeto não possui identificação alguma ao nascer. O processo de agregar inteligência segue algumas etapas:

- o objeto recebe uma identificação;
- dados associados ao objeto que podem ser lidos;
- dados associados ao objeto que podem ser nele "anotados";

---

(3) HAUSHEER, D. *et al.* Future internet socio-economics — challenges and perspectives. *In:* ______ . *Towards the future internet.* Amsterdã: IOS Press, 2009. p. 1-11.

(4) RUBINA, J. M. Challenges of internet evolution: attitude and technology. *In:* HAUSHEER, D. *Towards the future internet.* Amsterdã: IOS, 2009. p. 12-23.

- a capacidade de processamento é agregada ao objeto, e, finalmente;
- o objeto se comunica com o ambiente e com outros objetos.

A esse conjunto de funcionalidades dá-se o nome de *Automatic Identification and Data Capture* (AIDC), que constitui um dos conceitos centrais de IoT: identificação do objeto e percepção de contexto. A Figura 1 — Objeto com capacidade de comunicação — ilustra como se agrega inteligência aos objetos.

No campo superior esquerdo está representado um objeto sem identificação alguma. Percorrendo-se a figura da esquerda para a direita e de cima para baixo, verifica-se que o objeto recebe uma identificação, depois agrega dados associados que podem ser lidos e escritos, agrega-se capacidade de processamento e sensoriamento, até que se incorpora a capacidade de comunicação própria.

Figura 1: Objeto com capacidade de comunicação

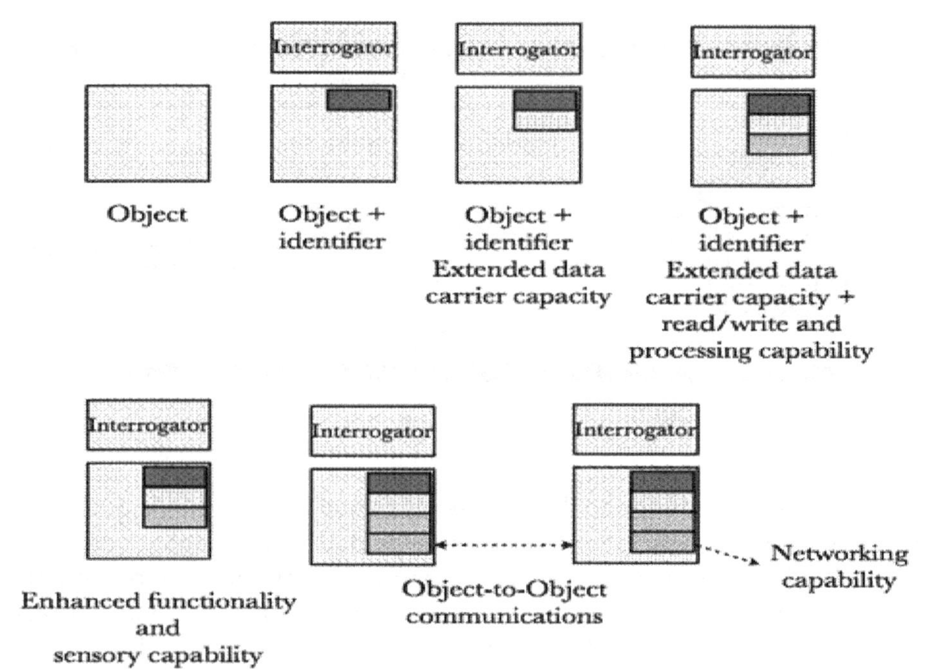

Fonte: Projeto CASAGRAS.

Assim, os objetos podem ser lidos por interrogadores ou dispositivos *gateways*, e a representação virtual dos objetos é transferida aos sistemas de gerenciamento de informação. Mediante o acesso à internet podem-se obter mais informações disponíveis em bases de dados locais ou não e até se construir a aplicação ou serviço desejado adaptado ao contexto em questão. O resultado final é obtido por meio de atuadores que executarão alguma ação sobre os objetos e/ou no ambiente em que os objetos estão imersos. No exemplo da Figura 2 — Interface pelo ar para identificação da coisa —, um item de supermercado pode ser lido por meio de um simples código de barras (onde não se utiliza necessariamente a Internet nem há uma leitura utilizando um RFID) ou um veículo pode ser reconhecido para a cobrança do pedágio. Uma aplicação interessante pode ser a Roda de Copenhagen[(5)].

Ao se considerar aplicações e serviços no âmbito da Internet das Coisas, será importante distinguir soluções que nitidamente dependem de uma funcionalidade do tipo internet como distintas de soluções localizadas que exploram capacidades convencionais de controle e processamento.

Figura 2: Interface pelo ar para identificação da coisa

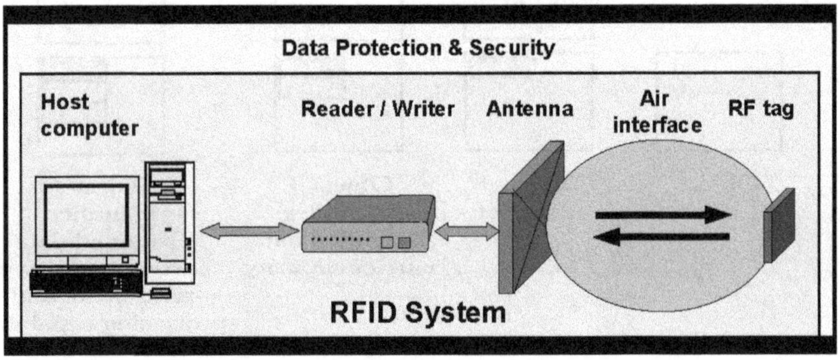

Fonte: Projeto Casagras.

Um exemplo da capacidade de sensoriamento e a conexão justificada de redes é a ligação de estações coletoras de dados meteorológicos, para o propósito de previsão do tempo, em que um conjunto de sensores constitui um ponto de entrega de dados (pressão, temperatura, umidade, direção e velocidade do vento, junto com a localização do nó e um selo de tempo

(5) Disponível em: <http://senseable.mit.edu/copenhagenwheel>. Acesso em: 1º.9.2014.

rádio-controlado) para um nó de pré-processamento que, então, entrega dados pré-processados de uma dada região para um nó de processamento adicional que serve um conjunto de regiões, e assim sucessivamente, até atingir um alcance global, servindo para previsões de tempo globais. Cada nó pode mostrar os dados obtidos pelos sensores e prover alguma forma de previsão rudimentar (típica para estações climáticas caseiras). Comunicações bidirecionais, com ou sem fio, dependendo dos requisitos, facilitam o transporte dos resultados processados por meio da rede, sendo que nós particulares servem para mostrar os resultados de previsão. Alguns nós podem desempenhar o papel de atuadores ou controladores para executarem uma função específica em resposta a condições particulares. Por exemplo, a previsão de uma perspectiva de inundação local pode ativar automaticamente barreiras de proteção.

Com o aumento da granularidade da distribuição de nós, pode haver condições de fazer previsões de tempo mais localizadas, atendendo às necessidades da agricultura de precisão, planejamento de eventos externos, gerenciamento ambiental e agendamento de manutenção.

O mesmo tipo de estrutura de rede em camadas pode ser explorado para outros serviços e aplicações, tais como o monitoramento ambiental e funções de controle, com um nível de alcance nodal mais elevado sendo justificado para a pesquisa de problemas ambientais mais amplos, como estudos de energia e emissão de gases, propósito de compartilhamento de conhecimento. Aqui reside uma rica oportunidade para desenvolvimento de aplicações e serviços que podem ter impacto virtualmente sobre todos os setores da indústria, comércio e serviços, bem como aplicações domésticas de suporte.

IV. Problemas técnicos

Não se pode ignorar a velocidade de desenvolvimento tecnológico, principalmente quando há um imenso mercado à espera de soluções simples para os problemas diários.

Havendo um mercado potencial imenso, todos os *players* tentam explorar esse mercado colocando soluções tecnológicas localmente em seus nichos de trabalho. Muitas soluções já estão em uso atualmente, algumas claramente identificadas como aplicações de IoT.

Problemas específicos em determinados produtos e mercados terão soluções tão rápidas quanto for o potencial desse mercado em lucrar com as facilidades que sejam instaladas. O principal problema técnico passa a ser não o desenvolvimento de sensores ou atuadores, mas mesmo sendo esse um ramo interessante e importante da tecnologia, o cerne da questão passa a ser a escalabilidade. O crescimento do mercado e a interação entre mercados distantes que passam a ser integrados tornam a quantidade de dados transitando pelo sistema exponencialmente maior. As velocidades de troca de informações precisam ser aumentadas e, principalmente, a capacidade de trânsito dessa informação, como a banda de conexão, passa a ter também uma importância decisiva. A Figura 3 — Modelo inclusivo de IoT — CASAGRAS — mostra as possibilidades de sensoreamento e atuação sobre um objeto e as comunicações por meio da Internet.

A descrição propiciada pelo modelo adotado é bastante completa no que diz respeito aos conceitos fundamentais associados à IoT, a saber: AIDC (Identificação Automática e Captura de Dados); Percepção de contexto; Acesso à internet.

Essa figura apresenta o modelo inclusivo de IoT proposto pelo projeto europeu CASAGRAS[(6)]. Nesse modelo, do lado esquerdo está a zona de interface física onde estão os objetos reais. Observe-se que os diferentes níveis de inteligência são exemplificados: identificação simples, dados associados, sensoriamento e capacidade de comunicação.

Os objetos podem ser lidos pelos interrogadores ou dispositivos *gateways* e a representação virtual dos objetos é transferida aos sistemas de gerenciamento de informação. Por meio do acesso à internet podem-se obter mais informações que podem não estar disponíveis em bases de dados locais e até se construir a aplicação ou serviço desejado adaptado ao contexto em questão. O resultado final é obtido por meio dos atuadores que executarão alguma ação sobre os objetos e/ou no ambiente em que os objetos estão imersos.

(6) O projeto CASAGRAS foi financiado pela Comissão Europeia no âmbito do 7º Framework Program — FP7. Esse projeto deu origem ao CASAGRAS 2, do qual a Escola Politécnica da USP é a representante da América Latina.

Figura 3: Modelo inclusivo de IoT — CASAGRAS

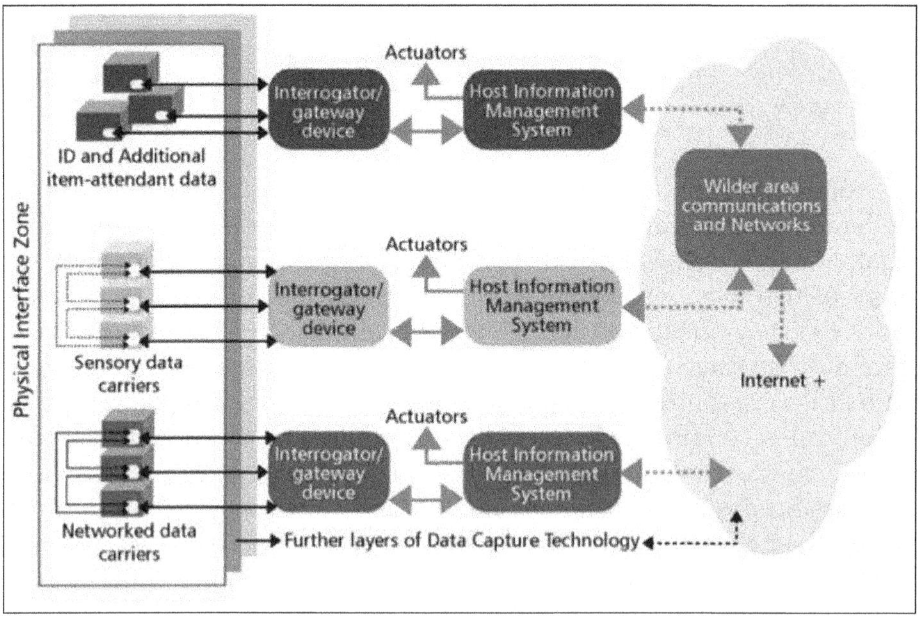

Fonte: Projeto Casagras.

O conceito original para a Internet das Coisas foi introduzido pelo *Massachusetts Institute of Technology* (MIT) utilizando-se o código eletrônico de produto (*Electronic Product Code* — EPC) como forma de identificação de objeto. O conceito estabelecia que o número único especificado por EPC contido em um transportador de dados RFID de um objeto conectado poderia ser lido usando leitores ou interrogadores adequados e, por meio de um *Object Naming Service* (ONS), direcionado como um ponteiro para a informação armazenada em algum outro lugar (uma visão similar sem o uso explícito de RFID foi proposta anteriormente pelo projeto TRON no Japão nos anos de 1980).

O mesmo princípio está relacionado ao uso de transportadores de dados em aplicações do tipo placa de identificação, sendo que os dados ou a informação são armazenados localmente, em vez de participar de uma estrutura de suporte a serviço prospectivamente global servindo a um número potencialmente grande de clientes do serviço. Em princípio, a informação armazenada, para uma função de suporte a serviço local ou mais abrangente, pode dizer respeito ao objeto em questão ou ser uma informação relacionada ao manuseio ou processamento do objeto. Funções definidas localmente podem ser simplesmente usadas para ativar um atuador de algum tipo relacionado ao processo, como uma barreira operada eletricamente.

V. Problemas não técnicos

São oferecidas grandes oportunidades em um mundo onde coisas podem conversar com outras coisas e com as pessoas ou computadores. Equipamentos domésticos que preveem que tipo de ajuda podem oferecer aos seus usuários; malas que podem identificar que estão sendo transportadas na esteira errada do aeroporto e, portanto, evitar que sejam enviadas para outros locais; sistemas de transporte que incluem carros inteligentes auto dirigidos; controles de estoque que podem prever e negociar a reposição de produtos vendidos, são todos produtos fáceis de recepção no mercado. Considerando que coisa pode ser qualquer objeto real, as pessoas podem ser classificadas nesses sistemas como coisas também e aceitam facilmente carregar uma etiqueta inteligente com capacidade de comunicação elaborada, capacidade de processamento e armazenamento e de interação com outras etiquetas que outras pessoas carregam. Hoje fazem isso de bom grado utilizando um telefone celular como etiqueta.

Todos os serviços agregados são um pagamento pela perda da privacidade. Poucas pessoas, no entanto, estão cientes de quanto de privacidade perderam.

Esse processo já havia começado há muito tempo com uma etiqueta menos inteligente: o cartão de crédito.

Entre os problemas não técnicos, acredita-se que segurança e privacidade sejam os mais importantes, pois as informações pessoais, profissionais e das empresas passam a existir no mundo virtual com a identificação única dos agentes reais.

As pessoas aparentemente não estão preocupadas com isso, pois expõem sua vida em redes sociais sem preocupações sobre o uso dessas informações. É extremamente importante que a educação de todos seja feita para que reconheçam os problemas dessa violação da privacidade e os problemas de segurança decorrentes disso. Ao estado e às normas resta a função de proteger os mal informados e as pessoas que conscientemente desejam manter a condição de privacidade.

A localização precisa de um telefone, e de seu operador, hoje é um *asset* nos modelos de negócio que estão sendo desenvolvidos. As informações sobre o gosto pessoal, as vontades, as realizações, etc. estão sendo utilizadas nos sites que oferecem serviços e produtos. O conjunto formado pela junção da informação de localização e costumes de locomoção ampliará as possibilidades de oferta de serviços em detrimento da privacidade da pessoa. A Figura 4 — Localização do telefone celular sobre o mapa — mostra um gráfico de deslocamentos. Atualmente esses gráficos são disponíveis aos usuários de *smartphones*, trazendo todo o seu histórico de localização.

Figura 4: Localização do telefone celular sobre o mapa

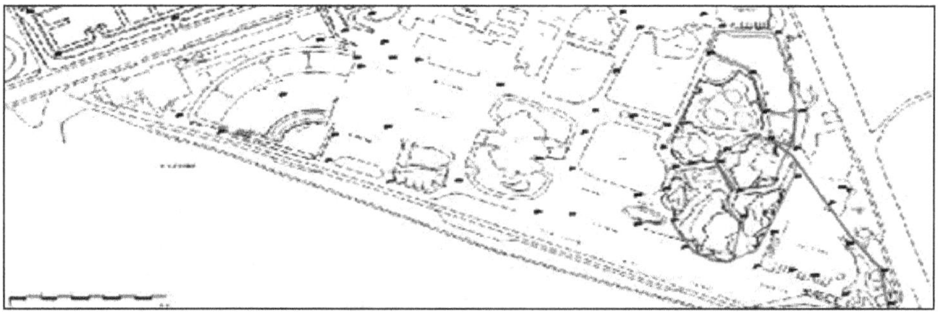

Fonte: Disponível em: <http://www.zsl.org/zsl-london-zoo/visitor-information/zsl-london-zoo-smart--phone-app>. Acesso em: 1º.9.2013.

VI. IoT no Brasil

O grupo de estudos *iRIoT — interdisciplinary Research for IoT* — grupo de pesquisa multidisciplinar criado na Universidade de São Paulo com professores da Escola Politécnica, da Escola de Comunicações e Artes, da Escola de Direito e da Cidade do Conhecimento, propõe um modelo de criação de *roadmaps*[7] para o desenvolvimento dos sistemas interligados e integrados.

Esse modelo ou *framework* nasceu de uma visão compreensiva das várias redes de dados que interagem no mercado hoje e pode ser facilmente alterado para incluir novas possibilidades de comunicação, que podem ser vistas na Figura 5 — Redes de Comunicação. A forma escolhida de círculos ou elipses concêntricas pretende mostrar que dados podem transitar de

(7) FOREST, F.; LAVOISY, O.; EURICH, M.; GURP, J. V.; WILSON, D. Roadmap for real world internet applications — socioeconomic scenarios and design recommendations. *In:* HAUSHEER, D. *Towards the future internet.* Amsterdã: IOS Press, 2009. p. 325-334.

qualquer ponto a qualquer outro ponto passando por uma ou várias redes diferentes, que formam, assim, uma rede heterogênea.

Nessa figura, as faixas entre as linhas concêntricas representam os ambientes diferentes em que as informações transitam. O mais externo é o próprio ambiente físico. Na figura, os traços pontilhados mostram que, no ambiente, é possível distinguir diferentes contextos, ou locais. Os usuários humanos estão na faixa intermediária, também separada por um tracejado de seus ambientes computacionais móveis, celulares, *smartphones* etc.

Figura 5: Redes de Comunicação

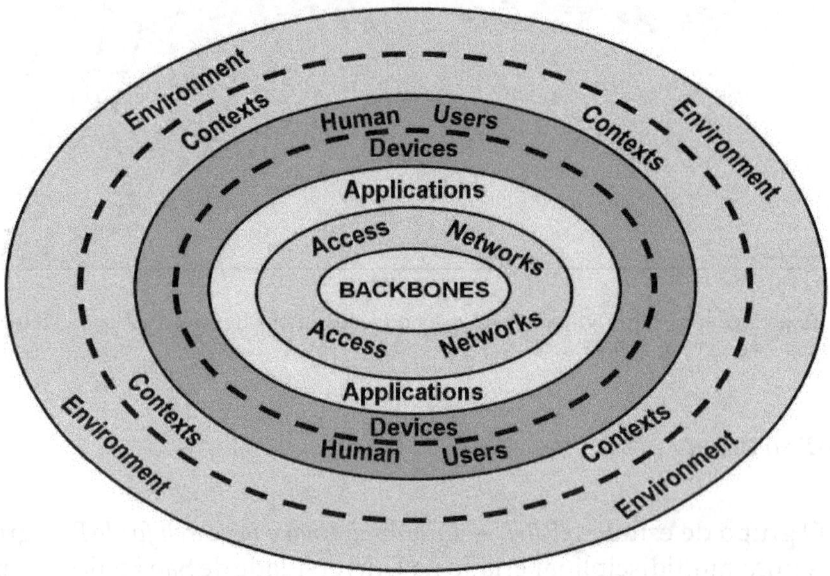

Fonte: Elaborada pelos autores.

A próxima faixa está representando as aplicações que são executadas no terminal móvel. A seguir está a rede de acesso. Muitas vezes essa função é realizada pela rede de telefonia celular ou, mais genericamente, por redes sem fio seguidas de outras redes para atingir os *backbones*. Nota-se que se chegou ao centro da figura, mas não ao final da execução dos serviços que serão executados nos servidores dos fornecedores desses serviços. Para atingir esses servidores, a informação deve ainda retornar pelas redes de acesso, aplicações e computadores do fornecedor do serviço. Na maioria das vezes o caminho deve ser percorrido em sentido contrário até atingir o usuário ou o ambiente com a resposta preparada pelo serviço.

Cada uma das linhas da figura mostra uma interface entre meios ou atores. Essa interface mostra um subnegócio, em que parceiros no fornecimento global precisam encontrar os parâmetros adequados, tanto técnicos quanto financeiros, que sejam coerentes com o negócio maior, entre o fornecedor do serviço global e o seu cliente. Em cada uma das interfaces poderá haver um controle de qualidade local, implementado formalmente ou não, mas que ainda permita a garantia da qualidade do negócio global. Não adianta alguns dos elos da corrente serem fortes, o conjunto todo precisa ser forte para que o consumidor final fique satisfeito. O critério de qualidade do consumidor final é a avaliação do conjunto todo, não adianta um dos elos serem perfeitos na execução do serviço se o outro tiver um desempenho abaixo do adequado. A percepção de qualidade será do conjunto. Utilizando os conceitos de planos do NGN (*Next Generation Networks*) [ITU-T Y.2011], novos planos podem ser agregados ao diagrama inicial.

A Figura 6 — Outros Planos — mostra uma visão mais abrangente do mesmo diagrama, incluindo outros planos que não figuram em nenhuma interface do plano anteriormente analisado.

Figura 6: Outros Planos

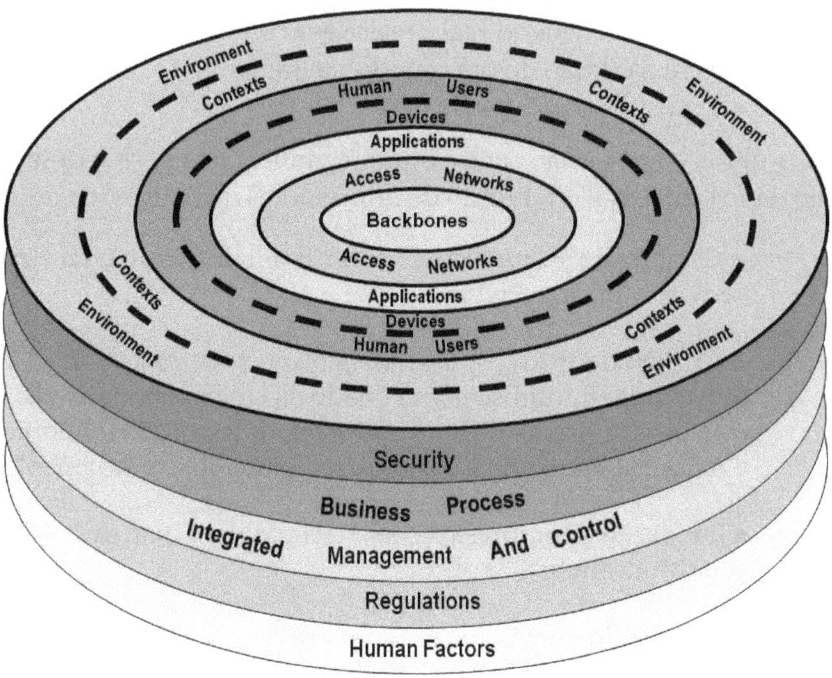

Fonte: Elaborada pelos autores.

Os novos planos são outras visões das mesmas partes do serviço global. Na figura foi incluído um plano de segurança, um plano de processo de negócio, outro de gestão integrada e controle, em que se poderia implementar processos de garantia da qualidade, por exemplo. Há um plano específico para regulamentação e outro plano para os fatores humanos do negócio.

A imagem formada demonstra que novos problemas poderão surgir nesses outros planos, mas também que soluções para problemas antes não percebidos podem nascer pela simples existência de outro plano, em que um determinado processo ou controle possa ser implementado. Nesses novos planos, ou dimensões, outras tecnologias, procedimentos ou processos poderão surgir e precisarão ser estudados no mosaico formado. Alguns desses aspectos poderão apresentar desafios reais, tais como: aplicações e serviços, redes e infraestrutura, governança, interfaces humanas e comportamento, usabilidade, normas restritivas, segurança (*safety* e *security*), modelos de negócio, interoperabilidade, plataformas e normas abertas, sustentabilidade (ecológica ou financeira), meio ambiente ou ecossistema etc.

Em cada plano pode-se traçar um caminho escolhendo as interfaces que serão utilizadas no fluxo do serviço. Nota-se que esses ambientes serão instanciados no percurso do caminho escolhido. Por exemplo: ao utilizar a rede de acesso, a instanciação real precisa ser escolhida — LTE, WiFi, WiMax —, e haverá a criação de um cenário da implantação que determinará sugestões e requisitos para as soluções.

Os últimos anos estão sendo muito significativos para o desenvolvimento da IoT no Brasil em função de importantes iniciativas, como:

- Criação do Fórum de Competitividade em IoT no Brasil — <www.iotbrasil.com.br>.

- Criação do iRIoT — *interdisciplinary Research for IoT* —, grupo de pesquisa multidisciplinar criado na Universidade de São Paulo com professores da Escola Politécnica, da Escola de Comunicações e Artes, da Escola de Direito e da Cidade do Conhecimento.

- Fundação da empresa de base tecnológica Smart-IoT — <www.smart-iot.com.br>.

- Criação do <www.iotzine.com.br>.

- Criação do *blog* <http://internetdascoisas.blogspot.com.br/>.

• Participação efetiva no grupo formado no projeto CASAGRAS e no projeto Probe-IT, também financiado pela Comissão Europeia <http://www.probe-it.eu/>.

VII. Conclusão

A lista de possíveis aplicações é longa: turismo e lazer, medicina forense, transporte e distribuição, construção, manutenção de campo, agricultura de precisão, gerenciamento ambiental, entre outras. O desafio é posicionar os princípios em uma metodologia apropriada para o projeto e desenvolvimento de serviços e aplicações e empregá-los nos vários setores da indústria, comércio e serviços.

É fundamental mencionar os aspectos éticos relativos à IoT. É claro que, sendo uma tecnologia baseada em monitoramento, segurança e privacidade dos dados, deve ser tratada com o maior cuidado. No entanto, a discussão ética ultrapassa muito essas questões. O *site* <http://www.ethicsinside.eu/>[(8)] discute em profundidade a ética da IoT e identificou quatro dimensões-chave: Confiança (*Trust*), Percepção (*Awareness*), Inevitabilidade (*Inevitability*), Invisibilidade (*Invisibility*). Em resumo, pode-se dizer que a revolução tecnológica é inevitável, ela já está acontecendo. Os dispositivos estão cada vez menores e presentes em todos os artefatos que nos rodeiam e, em um futuro próximo, até nas roupas estarão sendo coletados dados do "paciente" sem que ele os perceba, enviando esses dados para máquinas distantes que poderão fazer escolhas e decidir sobre riscos e tratamentos possíveis.

A IoT é uma poderosa plataforma tecnológica que pode ser utilizada em benefício da sociedade. A sociedade precisa ser educada no sentido mais amplo da palavra para ter condições de identificar suas necessidades e clamar por soluções. A IoT empodera o cidadão comum para reivindicar os seus direitos, pois é a tecnologia da transparência. Por essa mesma razão tem sido tão combatida no mundo inteiro. No entanto, a IoT veio para ficar.

VIII. Referências

FOREST, F.; LAVOISY, O.; EURICH, M.; GURP, J. V.; WILSON, D. Roadmap for real world internet applications — socioeconomic scenarios and design recommendations. *In:* ______ . *Towards the future internet.* Amsterdã: IOS, 2009.

(8) Disponível em: <http://ethicsinside.eu/>. Acesso em: 1º.9.2014.

HAUSHEER, D. *et al.* Future internet socio-economics — challenges and perspectives. *In:* HAUSHEER, D. *Towards the future internet*. Amsterdã: IOS, 2009.

RUBINA, J. M. Challenges of internet evolution: attitude and technology. *In:* HAUSHEER, D. *Towards the future internet*. Amsterdã: IOS, 2009.

***Sites* consultados:**

Disponível em: <http://www.rfidglobal.eu/userfiles/documents/CASAGRAS26022009.pdf>. Acesso em: 1º.9.2014.

Disponível em: <http://rwi.futureinternet.eu/images/c/c3/Real_World_Internet_Position_Paper_vFINAL.pdf>. Acesso em: 1º.9.2014.

Disponível em: <http://senseable.mit.edu/copenhagenwheel>. Acesso em: 1º.9.2014.

Disponível em: <http://www.ethcsinside.eu/>. Acesso em: 1º.9.2014.

Produção Gráfica e Editoração Eletrônica: R. P. TIEZZI
Projeto de Capa: FABIO GIGLIO
Impressão: DIGITAL PAGE